에피파니 Z

토마스 프레이의 미래산업 대비전략

토마스 프레이의 미래산업 대비전략

에피파니

토마스 프레이 지음
이지민 옮김

E p i p h a n y

구민사

–바치는 글–

| 토마스 프레이 |

나의 아름다운 아내 뎁에게 이 책을 바치고 싶다. 아내는 다빈치연구소의 소장이자 나의 조수, 여행 동지, 논쟁 상대다. 아내는 나의 말도 안 되는 생각에 맞장구쳐주는 소중한 존재이기도 하며 다재다능한 기획자인 동시에 자상한 할머니다.

조카 한나 프레이에게 특히 감사를 전하고 싶다. 이 책의 그래픽 작업을 도와준 한나는 완성되지 않은 내 아이디어에 귀 기울여주는 또 다른 존재이기도 하다.

나는 13살 때 아내를 처음 만났다. 사우스다코타, 모브리지에 위치한 노스웨스틴 루터 아카데미라는 작은 기숙학교에 입학하던 해였다. 1972년에 졸업한 우리는 각기 다른 길을 갔지만 2000년 운명처럼 다시 만나 2005년 결혼식을 올렸다.

다빈치 연구소에서 아내는 큰 역할을 맡고 있다. 내가 온갖 아이디어를 쏟아내면 아내는 이를 현실화하는 등 실질적인 역할을 담당한다. 아내가 없었더라면 내 아이디어는 전부 사장되었을 것이다.

나의 비현실적인 이론에 귀 기울이고 내 가정에 의문을 제기함으로써 내가 계속 발전하도록 격려를 아끼지 않는 우리 아이들 다비, 산드라, 카일러, 니콜, 제시카, 브라이언에게도 감사를 전한다. 11명의 손주들 역시 아내와 내가 하는 모든 일에 큰 영감이 되었다.

contents

Z 통찰 - 인류 최적화 _241

Z 통찰 - 궁극적인 통찰력 _271

프롤로그

아이디어는 나를 살아 숨 쉬게 하는 생명소와 같다. 나는 한밤중에 문득 훌륭한 아이디어가 떠올라 잠에서 깨곤 한다. 나는 이 아이디어를 위대한 통찰이라고 부른다. 물론, 그 중 '위대한' 통찰에 속하는 아이디어는 소수에 불과하다.

훌륭한 아이디어에는 막중한 책임이 뒤따르게 마련인데, 우리는 이 아이디어를 계속해서 추진하거나 나만 알고 있는 상태로 사장되도록 내버려둬야 한다.

그렇기 때문에 나는 보통 깨달음의 순간이란 아이디어 때문에 고통 받는 순간과 같다고 본다. 그렇다, 훌륭한 아이디어는 회사를 창립하거나 난제를 해결하거나 부와 영향력을 구축하는 꿈을 꿀 수 있는 훌륭한 발판을 제공하지만 이를 실행에 옮기기 위해서는 준비과정이 필요하다.

깨달음과 그에 뒤따른 고통은 우리 주위에서도 흔히 일어나는 현상이다. 매일 수백만 명, 심지어 수십억 명의 사람이 스스로 발견한 아이디어 때문에 괴로워하고 있다. 사실 신제품을 비롯해 신간 서적과 영화, 모바일 앱은 모두 이러한 깨달음의 순간에서 탄생했다.

깨달음의 순간이 없다면 삶은 단조로운 경험에 불과할 것이다. 우리의 꿈에는 색채가 없을 것이며 한밤중에 다급하게 걸려오는 전화나 마음을 들뜨게 하는 기대의 순간은 없을 것이다.

나는 가끔 우리가 잃어버린 위대한 통찰 때문에 애석함을 느낀다. 오늘날 인류가 당면한 중대한 문제는 이를 해결할 방법을 생각해낸 이들의 마음속에서는 이미 수백만 번이고 해결되었다. 이들은 단지 이를 실행에 옮길 준비가 되어 있지 않았을 뿐이다.

인신매매에서부터 물 부족, 공기 오염, 기근, 심지어 전쟁에 이르기까지 오늘날 이 세상에 만연한 문제들은 개인적인 깨달음을 통해 이미 여러 번 해결되었지만 우리에게는 이를 현실화할 수 있는 능력이 부족했다. 하지만 이제 상황이 바뀌고 있다.

최근에 나는 위대한 통찰을 하나 발견했는데, 바로 2년마다 역량이 2배가 된다는 무어의 법칙이다. 물리적인 세상은 보통 10년마다 2배의 속도로 발전한다. 하지만 무어의 법칙이 적용되는 디지털 세상의 발전 속도는 다음과 같다.

- **2년 후:** 2배
- **4년 후:** 4배
- **6년 후:** 8배
- **8년 후:** 16배
- **10년 후:** 32배

그렇다. 물리적인 세상이 2배 혹은 기껏해야 4배로 발전하는 기간에 디지털 세상은 32배나 발전한다.

이를 운송 분야에 적용해 보자. 전기 차량은 디지털화되면서 향후 10년 동안 32배나 개선될 수 있다. 기존 기계식 차량이 2배 개선되는 것에 비해 어마어마한 속도다.

또한 물리적인 집이 스마트 홈이라는 디지털 영역에 진입할 경우 기존의 집이 2배 개선되는 동안 32배나 개선될 수 있다.

이 법칙은 도시에도 적용될 수 있다. 기존 도시가 2배 발전하는 동안 스마트 시티는 32배나 발전할 수 있다.

아이러니하게도 이러한 기하급수적인 성장은 통찰에도 적용이 된다.

대부분의 사람이 깨달음을 통해 얻은 아이디어를 관리해야 한다는 책임감에 짓눌려 있는 동안 나는 이를 디지털화할 수 있는 방법을 찾았다.

나는 위대한 통찰을 실현시키기 위해 이를 설명하는 글을 작성하거나 이에 관한 칼럼을 쓴다.

이렇게 할 경우, 깨달음의 순간부터 이를 실행에 옮기는 데 걸리는 시간은 고작 15분으로 단축된다. 아이디어는 제품이 된다. 그리고 이 제품의 개요는 기존 제품의 제작 과정처럼 틀을 만들거나 금속을 구부리는 대신 이미지와 설명만으로도 디지털 제품의 개요가 완성된다.

그다지 놀라울 것이 없어 보이지만 상당히 놀라운 사실이다. 이 단순화 과정 덕분에 나는 대부분의 사람이 2배의 통찰을 실행하는 동안 무려 32배의 통찰을 실현시킬 수 있다. 나는 이 과정을 'Z 통찰'이라 부른다.

영어 알파벳이 32개였다면 Z 대신 그 마지막 32번째 문자를 사용했을 것이다. 하지만 현 알파벳의 마지막 문자인 Z를 사용해도 그 의미가 충분히 전달되리라 본다.

지난 수십 년의 경험을 통해 우리는 이 세상을 개선할 수 있는 역량이 우리에게 있다는 사실을 알게 되었다. 우리는 현재 활용하고 있는 것보다 훨씬 더 많은 역량을 지니고 있다.

이제부터 Z 통찰의 사고방식이 우리 삶의 거의 모든 영역에 어떻게 적용될 수 있는지 보여주겠다.

Epiphany Z

Z 통찰 - 운명의 대시보드 설계하기

나는 미래학자다. 미래주의는 내 직업일 뿐 아니라 나의 일부이기도 하다. 나는 우리의 생각보다 훨씬 더 빠르게 다가오는 미래에 관해 연구하고 생각하며 글을 쓰고 얘기한다.

몇 년만 살아봐도 현재는 바로 직전의 과거와 상당히 다르다는 사실을 알수 있을 것이다. 수십 년을 살아본 사람이라면 기술적, 경제적, 사회적, 지정학적인 변화를 목격했을 것이다. 부모 세대가 갓 태어난 우리를 품에 안고 있을 당시에는 상상조차 못 했을 변화다.

그렇다면 막대한 기회와 가능성을 동반한 급격한 변화에 우리 자신을 비롯해 가족과 자녀, 동료, 직원, 사업, 단체, 그리고 이 세상을 대비시키려면 어떻게 해야 할까?

미래에 대해 다르게 생각하는 법을 배우면 된다.

구체적으로 말하면, 그저 미래를 경험하고 미래에 잠식당하거나 휩쓸리는 대부분의 사람과는 달리 지적, 직관적, 심리학적, 감정적인 수단과 기술, 능력을 개발해 다가오는 미래에 '참여'하는 것이다.

Z 통찰은 이러한 수단과 기술, 능력을 개발하기 위해 내가 개발한 체계다.

만약 당신의 대시보드가 당신의 운명을 조정할 수 있는 정보나 당신의 힘에 대한 정보를 제공하길 원한다면, 내가 만든 체계에서 개발된 수단, 기술, 능력은 매우 중요한 요소이다.

미래를 통제하기 위한 첫 번째 단계는 미래와의 관계를 재고하는 것이다.

우리는 과거 중심적인 사회에 살고 있다. 우리가 과거를 뒤돌아보는 이유는 저마다 경험한 과거가 있기 때문이다. 주위를 돌아보면 과거의 흔적은 도처에 널려 있다. 모든 정보가 역사가 된다. 과거는 누구에게나 알려져 있으며 편안하게 느껴진다.

하지만 우리의 남은 시간은 미래에 속해 있다.

내 연구 결과에 따르면, 과거를 관찰하는 사람들은 미래를 독립적인 힘이 아니라 시간의 흐름으로 생각하는 경향이 있다.

하지만 미래는 정말로 시간의 흐름에 불과할까, 아니면 '그 자체만으로도 특정한 힘을 지닐까?'

이러한 질문을 던지자 상당수의 동료들이 나를 미래에 인간적인 특성을 부여하는 미치광으로 보기 시작했다. 나는 미치지 않았지만 가끔 이런 말을 한다는 사실만은 인정해야겠다. "오늘은 좋은 날이 될 거야. 미래가 오늘의 나를 좋게 생각하거든." "저런, 그건 안 좋은 생각이야. 미래는 아마 그걸 끝까지 반대할 걸."

> '미래는 시간의 흐름에 불과할까,
> 아니면 그 자체만으로도 한정적인 힘을 지닐까?'

나는 실제로 미래가 어떤 날은 나에게 미소를 보내고 다른 날에는 내 의견에 얼굴을 찌푸린다고 생각하지는 않는다.

하지만 미래는 특정한 힘을 지니며 미래를 연구할 경우 미래에 발생하는 변화에 능숙하게 대처할 수 있을 뿐 아니라 이번 장의 제목이 말해주듯 운명의 대시보드를 설계할 수 있다고 본다.

그렇다면 미래를 연구하는 것이 왜 그렇게 중요할까? 우리 모두는 미래에 대한 기득권이 있기 때문이다. 즉, 우리 모두는 미래에 살 것이기 때문이다.

미래의 세상을 움직이는 12가지 원동력

사람들이 미래의 세상을 움직이는 원동력을 이해하도록 돕는 것이 미래학자인 나의 일이다. 나는 사람들이 이를 쉽게 이해할 수 있도록 '12가지 미래 법칙'을 수립했다.

미래와 관련된 가장 유명한 법칙으로는 아서 C. 클라크의 '3가지 미래 법칙'이 있다.

1. 나이가 지긋한 저명한 과학자가 무언가가 가능하다고 주장하면 그의 말이 맞을 확률이 높다. 하지만 그가 무언가가 불가능하다고 주장할 경우 그가 틀렸을 확률이 높다.
2. 가능성의 한계를 발견하는 유일한 방법은 그 한계를 넘어 불가능에 도전하는 것이다.
3. 상당히 진보된 과학은 마술이나 다름없다.

클라크는 뉴턴도 3가지 법칙을 발견했기 때문에 자신도 3가지 법칙이면 충분하다고 농담 삼아 말하곤 했다. 그의 친구이자 동료, 라이벌인 아이작 아시

모브는 로봇의 3가지 법칙을 제안하기도 했다.

하지만 클라크는 1999년에 출간한 《미래의 프로파일(Profile of the Future)》에서 한 가지 법칙을 추가했다. "모든 전문가마다 그와 동일한 영향력을 지닌 상반되는 전문가가 존재한다."는 법칙이다.

클라크의 법칙과 비슷한 나의 법칙은 불변의 진리를 바탕으로 한다. 불변의 진리는 실질적인 과학이 거의 존재하지 않는 과학이라는 분야를 이해하는 데 도움이 될 것이다.

Epiphany

Z

12가지 미래 법칙

1. 미래는 자연적인 힘의 일부다. 미래는 우주 전체를 동시에 끌어당길 정도로 강력한 힘을 지닌다. 우리에게는 결정권이 없다. 미래는 우리의 참여 의사와는 관계없이 발생할 것이다. 우리는 미래의 속도를 높이거나 늦출 수 없으며 다가오는 미래를 멈추게 할 수도 없다. 미래는 지속적이며 가차 없이 다가올 것이다.

2. 눈에 보이지 않는 '인식의 영역'이 현재와 미래를 구분 짓는다. 과거와 현재의 모든 것은 알려져 있다. 하지만 미래는 완전히 무지의 영역이다. 우리는 현재를 목격하고 경험하며 이해할 수 있다. 그러나 이러한 접점의 반대쪽은 베일에 가려져 있다. 우리는 미지의 대상을 이해해야 한다.

3. 우리 모두가 경험하는 미래는 각기 다르다. 우리 모두는 자신만의 미래를 경험한다. 우리는 인식의 영역이 저마다 독특한 방식으로 모습을 드러내는 것을 지켜보게 된다. 우리는 지극히 개인적인 이야기의 주인공인 것이다.

4. 미래는 인식의 영역을 지나간 뒤에야 존재하게 되지만 우리는 자신만의 이동 경로를 만들 수 있다. 현재의 에너지가 낮은 관성은 미래에도 이어진다. 우리가 현재를 떠날 때 남겨둔 관성은 우리가 미래로 진입할 때에도

그대로 있다. 누군가 야구공을 던지는 것을 초고속 섬광등으로 볼 경우 10억 분의 1초에 해당하는 공의 움직임이 그 다음 10억 분의 1초에 해당하는 움직임과 거의 연결되어 있는 것을 알 수 있다. 우리의 관성은 현재에는 움직임을, 미래에는 방향성을 제공한다.

5. 미래는 기존의 관성을 배경으로 형성되고 있다. 우리의 신체와 정신에도 관성이 존재한다. 이 관성은 끊임없이 작용 중이다. 이러한 개인적인 관성은 다른 사람의 관성뿐 아니라 주위 사물의 관성 내에서도 발생한다. 그뿐만 아니라 자연에도 자체적인 관성이 존재한다. 자연의 힘은 우주 전체에 존재하는 생명 · 비생명 분자에 관성을 제공한다.

6. 예측은 개연성을 바탕으로 이루어지며, 미래는 대부분 쉽게 예측할 수 있는 느리게 변하는 안정적인 요소를 바탕으로 형성된다. 인간은 안정적인 것은 무시하고 불안정한 것에 집중하는 경향이 있다. 건물, 나무, 산은 아주 조금씩 변한다. 이들이 빠른 시간에 급격한 변화를 겪는 것은 드문 일이다. 지구의 공전 궤도, 빛의 속도, 계절의 변화, 조류의 흐름, 수정 진동자의 주파수, 중력의 법칙은 쉽게 예측할 수 있다. 그렇지 않을 경우 가까운 미래일지언정 미래를 계획하기란 쉽지 않을 것이다.

7. 미래는 인간 중심적인 힘이 아니다. 미래는 인간의 영향을 받지 않기 때문에 아주 냉정하고 가차 없다. 미래는 우리가 행복하든 슬프든, 직장이 있든 없든, 미혼이든 기혼이든, 개인적으로 만족하든 정서적으로 불안정하든 개의치 않는다. 미래는 기계와도 같아서, 우리의 소망이나 목표 따위에는 관심이 없다. 이러한 것을 신경 쓰는 것은 오직 인간뿐이다. 하지만 인간이 없을 경우 미래는 중요하지 않다. 미래에 신경 쓸 이가 아무도 없을 것이기 때문이다.

8. 기존의 관성이 존재하는 한, 미래는 우리가 만들어 가는 것이다. 우리가 미래에 직접적인 영향을 미칠 수는 없다. 하지만 새로운 관성을 만들어 이

를 통해 기존의 관성에 영향을 미칠 수 있다. 미래는 우리 주위 사람들의 마음 속에서 끊임없이 생성되고 있다. 미래에 대한 사람들의 생각이 그들이 오늘 내리는 결정에 영향을 미칠 것이다. 우리가 미래에 대한 다른 이의 관점을 바꿀 경우 그들이 현재 결정을 내리는 방식이 바뀌게 된다.

9. 미래에 대해 생각하면 미래가 바뀔 것이다. 미래에 대해 생각하는 행위 자체는 새로운 관성을 낳으며 이 관성은 미래로 향하는 우리의 에너지를 변화시 킨다. '미래를 담당하는 뇌의 영역'은 잘 사용하지 않는 근육과도 같다. 이 근육 을 자주 사용할수록 우리는 미래의 힘과 에너지를 더 잘 활용할 수 있게 된다.

10. 미래는 힘과 에너지로 가득 차 있다. 우주에 존재하는 모든 관성은 현 재에서 미래로 흘러가는 거대한 힘이자 에너지다. 미래에 영향을 미칠 수 있 는 우리의 능력은 아주 미약하다. 하지만 보잘것없어 보이는 우리의 존재는 막대한 영향을 미칠 수 있다.

11. 모든 눈사태는 눈송이 하나의 움직임에서 시작된다. 미래의 힘을 이 용할 수 있는 우리의 능력은 미래를 얼마나 자주 생각하는지에 달려 있다. 미 래를 더 많이 생각할수록 미래를 더 잘 이해할 수 있게 되며, 미래를 더 잘 이 해할수록 미래와 더 쉽게 소통할 수 있다.

12. '알 수 없는' 미래야말로 우리에게 동기와 욕망을 제공한다. 미래를 알 수 없다는 사실은 좋은 일이다. 우리는 변화를 가져올 수 있다고 믿기 때문 에 삶이라는 게임에 뛰어든다. 우리의 행동으로 인한 결과를 쉽게 예측할 수 있다면 발전하려는 개인적인 욕구와 동기는 사라질 것이다.

내가 '미래의 법칙'을 제시하는 이유는 우리의 사고방식을 개선하기 위한 대 화의 장을 유도하기 위해서다.

우선 다음의 이론을 살펴보자.

Epiphany
Z

인식의 영역

미래가 형성되는 시점과 우리가 그것을 알게 되는 시점은 조금 다르다는 가정에서 시작해보겠다.

앞서 미래의 법칙에서 우리가 의식적으로 '현재를 인식하게 되는' 시점에 대해 언급했다. 이제 이를 보다 자세히 살펴보자.

내 가정에 따르면, '현재'가 존재하는 시간은 아주 짧다. 현재는 우리가 이를 경험하기 전에 존재하는 아주 잠깐의 시간에 불과하다. 다음에 발생할 것을 위한 준비 단계라고 보면 된다.

현재와 미래의 경계선을 더 잘 이해하기 위해 다음과 같은 질문을 던져 보겠다.

- 현재가 끝나고 미래가 시작되는 시점은 언제인가?
- 미래는 어떻게 '지금'이 되고 이곳에서부터 어디로 향하는가?

시간과 미래에 관해서 얘기할 때면 예감이나 초능력 같은 설명할 수 없는 현상에 대한 이야기로 빠지기 쉽다. 하지만 그것들은 여기서 언급할 대상이 아니다. 나는 자연 과학을 통해 현재를 밝히고자 한다.

현재는 계속해서 발생하고 있다. 하지만 현재가 형성되는 순간과 인간이 그것을 인식하는 순간 사이에는 시차가 존재할 수 있다. 이러한 시차는 오늘날 과학과 물리학에 존재하는 수많은 수수께끼를 설명하는 데 도움이 될 것이다.

예를 들어, 중력의 법칙은 인류의 최대 난제 중 하나다. 중력의 힘이 우리가 이를 인식하기 전 아주 짧은 기간 동안 작용한다고 가정했을 때 현재가 당도하는 순간에는 측정 가능한 힘 자체가 아니라 중력의 영향만이 남아 있게 된다.

이러한 가설을 입증하려면 어떠한 실험을 해야 할까? 첫째, 우리가 현재의 존재를 알기 전에 현재가 존재한다는 사실을 입증할 수 있는 실험이 필요하다. 물론 현재가 존재하는 시간은 아주 짧다. 둘째, '우리가 알기 전에' 알 수 있도록 인식의 영역을 관통하는 실험을 해야 한다.

다시 말해,

'현재를 전(前)현재로 이동시키는 방법'을 찾아야 한다.

현재와 미래 구분하기

아인슈타인은 이렇게 말했다.

"과거와 현재, 미래를 구분 짓는 것은 지독한 환영일 뿐이다."

현재는 우리 주위에서 계속해서 형성되고 있다. 우리는 현재 속을 헤엄치고 있는 것이다. 물속에 있는 물고기처럼 우리는 자신이 몸담고 있는 대상을 객관적으로 바라볼 수 없다.

우리가 한 순간에서 다른 순간으로 이동할 때 발생하는 움직임 속에는 관성이라는 힘이 존재한다. 우리가 현재를 떠난 뒤에도 그대로 남아 있는 이 관성은 우리가 미래로 진입할 때에도 존재한다.

관성은 현재에는 움직임을, 미래에는 방향성을 제공해준다.

우리의 신체와 정신에도 관성이 존재하는데, 이 관성은 끊임없이 작용 중이다.

이러한 개인적인 관성은 다른 사람의 관성뿐 아니라 주변 사물의 관성 내에서도 작용한다.

그뿐만 아니라 자연에는 자체적인 관성이 존재하는데, 자연의 힘은 우주에 존재하는 생물·무생물 분자에 관성을 제공한다.

　우리에게는 무생물 분자와 달리 아이디어를 생산할 수 있는 능력이 있다. 이 아이디어를 통해 우리는 미래가 형성되는 것을 볼 수 있다. 물론 우리는 여전히 인식의 영역 반대편에 있다.

　그렇기 때문에 우리는 아이디어와 이 아이디어가 어디에서 오는지 생각해 봐야 한다.

　더 나아가 아이디어가 어디로 향하는지에 대해서도 관심을 가져야 한다.

Epiphany
Z

위대한 아이디어는 어디에서 왔으며 어디로 가는가?

최근 내 아내는 자신의 기억력 감퇴 현상에 대해 'Photogeriactric(노화성 기억력, 머릿속에 사진을 찍듯 상세히 기억하는 정확한 기억력을 일컫는 photographic memory를 이용한 말장난−옮긴이)'이라고 우스갯소리로 말했다.

나는 아내가 말한 이 단어의 출처가 어디인지, 아내의 말이 독창적인 아이디어인지 생각하기 시작했다.

구글 검색을 몇 차례 한 끝에 'photogeriactric'이라는 단어에 대해 총 83개의 검색 결과를 얻었으며 'photo−geriactric memory'라는 문구를 언급한 문서를 2,007개 찾았다. 아내의 말이 완전히 독창적이지는 않았던 것이다. 하지만 검색을 마친 뒤에도 독창성이라는 사안은 계속해서 내 머릿속을 맴돌았다.

창의적인 아이디어가 발생할 수 있는 원인은 다음과 같다.

· **천명**(적절한 장소와 적절한 시간 덕분에)

· **신의 섭리**(해당 아이디어가 나의 것이 되도록 운명 지어진 결과)

· **순수한 직관**(지금 그리고 이곳과 연결된 결과)

·**힘의 파급**(아이디어 단지가 끓어오른 결과)

·상황에 따라 위 모든 것

독창적인 아이디어는 상당한 가치가 있다. 그 아이디어가 어디에서 왔는지 알 경우 더 많은 아이디어를 창출할 수 있다.

우리 모두는 아이디어를 생성하는 기계와도 같다. 우리는 태양이 빛을 발산하듯 아이디어를 발산한다.

그렇다, 아내가 사용한 문구가 그렇듯 독창적인 아이디어는 지극히 드물다. 하지만 정말로 아무도 사용하지 않았던 최초의 아이디어도 존재한다. 오늘날에는 매 초 70억 명이 넘는 사람들이 아이디어를 생성하고 있다. 이들은 사방으로 영감과 재기를 발산하고 있다. 여기서 우리가 주목해야 하는 문제는 '이 아이디어는 도대체 어디로 가는가?'이다.

Epiphany

Z

아이디어 전문가를 만나다

몇 년 전, 나는 깨달음의 순간과 상상력의 촉발, 통찰을 다룬 《탁월한 아이디어는 어디에서 오는가(Where Good Ideas Come From)》의 저자 스티븐 존슨을 만났다.

스티븐은 이 책에서 소위 '영감의 순간'은 상당히 긴 시간에 걸쳐 발생한다고 말한다. 그의 주장에 따르면, 영감의 순간이 한꺼번에 오는 경우는 드물다. 대부분의 발견은 '느린 예감'에서 시작된다. 작은 통찰들을 바탕으로 느린 예감이 쌓여 대전환의 퍼즐 조각이 마침내 완성되는 것이다.

그는 나와 대화를 나누던 도중, 아이디어는 보통 '유동적 네트워크'가 형성될 수 있는 비옥한 환경에서 탄생한다고 말했다. 해당 주제에 집중하는 사람들이 적절한 토론을 할 때 시너지 효과가 발생해 완전히 현실화 가능한 아이디어가 탄생하는 것이다.

나는 상대적 경중에 따라 통찰의 순위를 매기기 시작하면서, 아이디어가 처음 탄생할 때에는 그 경중을 파악하기 쉽지 않다는 사실을 발견했다. 훗날 밝혀지는 아이디어의 치명적인 단점 역시 처음부터 쉽게 파악할 수는 없었다.

대부분의 아이디어는 작은 통찰에서 시작된 작은 아이디어에 불과하다. 하지만 작은 통찰들 중에는 위대한 잠재력을 지닌 번쩍이는 아이디어가 존재하기 마련이다.

위대한 아이디어에는 다음과 같은 질문이 항상 뒤따른다.

"이제 어떻게 하지?"

통찰이 뿌리내릴 수 있는 비옥한 환경 조성하기

우리는 위대한 아이디어가 생성될 때마다 이 아이디어를 어디에 저장해야 할지 결정해야 한다. 아이디어는 기생충처럼 숙주를 필요로 한다. 만약 다음 의식의 흐름에 빠지기 전에 이 아이디어들을 제대로 저장해 두지 않으면 영원히 사라지게 될 것이다. 숙주가 없을 경우 이 꿈틀거리는 작은 아이디어의 수명은 한정적이다.

이 작은 아이디어들을 충분히 모아 관리한다면 저력이 생길 것이다. 하지만 주목할만한 아이디어가 되기 위해서는 어떻게든 임계량에 도달해야 한다.

과거에는 임계점에 도달하기 위해 할 수 있는 일이 별로 없었다. 아이디어를 노트에 끼적이거나 친구들에게 얘기하고 스케치를 하는 것이 전부였다. 하지만 이러한 조치를 취한 뒤에도 대부분의 아이디어는 사장되기 일쑤였다. 이 번뜩이는 아이디어를 저장할 '장소'가 거의 없었기 때문이다.

오늘날 우리의 선택권은 기하급수적으로 증가했다. 훌륭한 아이디어는 0.9초 만에 페이스북에 저장될 수 있다. 또한 트위터, 인포그래픽(정보, 데이터, 지식을 시각적으로 표현한 것으로, 정보를 빠르고 쉽게 표현하기 위해 사용된다.—옮긴이), 사진, 팟캐스트, 파워포인트, 링크드인 토론, 쿼라 포럼, 유튜브 비디오, 블로그에 저장하거나 차티클(설명 글이 많지 않고 표나 그래프를 이용한 뉴스기사—옮긴이)로 전환될 수도 있다.

'아이디어는 기생충처럼 숙주를 필요로 한다.'

아이디어를 공유하는 새로운 플랫폼이 거의 매일 등장하고 있다. 내일이면 이 플랫폼들은 거의 무한대가 될지도 모른다.

이제 우리는 순간적으로 떠오른 아이디어를 수천 곳에 저장할 수 있다. 촉촉한 토양에 씨를 심는 것처럼 이 밈(Meme ; 문화의 전달에도 유전자처럼 복제 역할을 하는 중간 매개물이 필요한데, 이 역할을 하는 정보의 단위, 양식, 유형, 요소. 영국 생물학자 리차드 도킨스(Richard Dawkins)의 1976년 저서 〈이기적 유전자The Selfish Gene〉에서 소개된 용어로, 여기서는 인터넷 상에 설명이나 말을 적어 포스팅한 그림이나 사진 등을 뜻한다.—편집자 주)들은 유기적으로 자라나서 다채로운 수확물을 선사할 수 있다.

Epiphany
Z

큰 관점에서 바라보기

소셜 네트워크, 공개 토론회, 인터넷 방송은 스티븐 존슨의 '유동적인 네트워크'가 형성될 수 있는 거대한 장소가 되고 있다. 아이디어의 상호 교류가 일어나는 곳이다.

아이디어는 우리 마음속에 구조를 형성한다. 이 구조는 자체적으로 구성되고 집합될 뿐 아니라 인식의 간극을 메우고 우리의 일차적인 사고방식에 다양한 차원을 제공한다.

최고가 최상이 되는 유기적인 환경에서 일하는 천재들이 우리의 미래를 이끌고 있다. 이들은 문제와 해결책, 고통과 안락, 제품과 아이디어 간의 거리를 상당히 줄여주었다.

우리는 무익한 통찰과 유익한 통찰을 잘 구별하고 아이디어 창고를 잘 활용할수록 인식의 영역 반대편에 더 빨리 도달할 수 있다.

Z 통찰의 개념과 이 책에서 말하고자 하는 바가 바로 이것이다. Z 통찰은 학습과 연구, 관찰, 숙고, 대화, 토론을 통해 우리 스스로를 대비시킴으로써 '인식의 영역' 반대편에 존재하는 완전히 다른 미래에서 번성하는 방법을 알려줄 것이다.

번성하는 것에서 한 발 더 나아가 개인의 삶에 영향을 미치는 미래의 힘을 통제하고 우리 자신을 비롯한 다른 이들에게 유용한 방향으로 미래를 형성하는 것이 목표다.

우리 모두에게는 그 이상을 수행할 수 있는 잠재력이 있다. Z 통찰은 이 잠재력을 수단과 기술, 능력으로 바꾸는 방법, 그리고 우리가 인식의 공백을 메우고 미래를 현재의 일부로 만들 수 있는 방법을 알려줄 것이다. 바로 우리의 대시보드가 통제할 우리의 미래다.

Z 통찰을 이용할 경우 미래는 아이디어로 이루어진 생태계라는 사실을 알게 될 것이다. 이제부터 이러한 아이디어를 미래의 강력한 아군으로 만드는 방법을 살펴보겠다.

Z 통찰은 아이디어가 어디에서 왔느냐에 중점을 두지 않는다.
그보다는 우리의 생태계에 진입한 아이디어가
어디로 가느냐에 초점을 맞춘다.

Epiphany Z

Z 통찰 - 목적 최적화하기

Epiphany
Z

우리는 어떻게 이곳까지 왔을까?

이곳에서 Z 통찰로 어떻게 갈 수 있을까?

나 역시 모든 답을 알고 있는 것은 아니다. 그럴 수 있는 사람은 없다. 하지만 몇 가지 방법이 있긴 하다.

갓난아기였을 때 우리는 그저 충분히 먹고 자고 뽀송뽀송한 기저귀를 차는 것으로 만족했다. 새로운 것을 빠르게 습득했지만 그것 외에는 대단한 일이 없었다. 초등학교에 들어가면서 걷고 말하며 스스로 음식을 먹고 친구들과 어울릴 줄 알게 되었다.

고등학교에 들어갈 때가 되자 걸음마기 때에 비해 키가 2배 이상 커졌다. 눈, 코, 입 등에는 어릴 적 모습이 남아 있지만 전체적으로는 상당히 다른 느낌이다. 음악이나 TV에 마음을 뺏기고 이성이 던지는 미소에 가슴이 콩닥거리는 경험을 하게 된다. 관계가 중요해진 것이다.

매일 새로운 경험을 하고 싶어 한다. 소질이 있는 것에 자부심을 느끼고 취미에 푹 빠진다.

관계를 맺을 때마다 새로운 세상이 펼쳐진다. 첫 키스는 두 번째 키스로 이어지고 첫 경험은 잊을 수 없는 추억이 된다.

30대와 40대가 되면서 능력이 크게 신장한다. 시야의 폭이 넓어지면서 심각하다고 생각했던 문제도 별 거 아닌 것처럼 느껴진다. 60대와 70대가 되면 시간이 너무 빨리 간다. 이렇게 나이드는 과정을 통해 우리는 미래가 매 순간 우리를 변화시켰다는 사실을 깨닫기 시작한다.

우리의 특성과 유전자는 그대로겠지만 우리는 계속해서 변한다. 새로운 세포가 죽은 세포를 대체하며, 어느 순간 우리의 모습은 수년 전과는 상당히 달라진다.

그렇다. 현재의 나는 심지어 몇 초 전의 나와도 다른 것이다.

그렇다고 해서 빛의 속도로 변하는 미래에서 과거의 나는 중요하지 않을까?

천만에!

Epiphany
Z
과거의 내가 여전히 중요한 18가지 이유

과거의 나는 현재의 나를 위한 발판이 되며, 오늘의 나는 미래의 나에게 상당히 큰 영향을 미칠 것이다. 과거의 내가 여전히 중요한 18가지 이유는 다음과 같다.

1. 기억 – 과거의 모든 기억이 오늘의 나를 형성한다.
2. 공유된 경험 – 장기적인 관계는 함께 한 경험을 바탕으로 수립되며, 이 경험은 미래의 경험을 위한 공통의 기반이 된다.
3. 감정적인 가치 – 우리는 무의식적으로 주위의 모든 것에 감정적으로 가치를 매긴다. 스케이트 보드나 전기 드릴보다는 자동차가 더 많은 가치를 지니는 것이 바로 이 때문이다.
4. 기술 – 무언가를 효과적으로 수행하는 방법을 배우기 위해서는 장·단기 기억력뿐만 아니라 몸의 기억이 필요하다. 시간이 지나면서 점차 잊어버리는 기술도 있지만 기술이 미치는 영향력은 계속해서 남아있을 것이다.
5. 신체 – 우리의 현재 몸은 과거의 몸에서 기인한다.
6. 파생적인 재능 – 우리가 지닌 재능은 다른 재능이나 관심, 기질에서 파생했다.
7. 신체적인 개선과 장애 – 운동을 할 때마다 우리의 신체와 건강에 장·단기적인 변

화가 발생한다. 다치거나 부상을 입을 경우도 마찬가지다. 이로 인한 잔여효과는 오랫동안 지속된다.

8. 성격의 일관성 – 모든 사람은 기질, 성향, 욕구, 관심사를 비롯해 딱히 뭐라 명명할 수 없는 또 다른 여러 가지 속성으로 이루어져 있다. 이 중 일부는 시간이 지나면서 크게 바뀌겠지만 그렇지 않은 것들도 있다.

9. 비밀 – 우리 모두는 저마다 비밀을 간직하고 있다. 제대로 관리하지 않을 경우 이 비밀은 계속해서 우리를 따라다닐 수 있다.

10. 노력 – 노력이 투입되어야 우리의 업적은 가치를 지닌다.

11. 집착 – 의지는 집착이 되고 결국 남는 건 집착뿐이다. 하지만 내가 보기에 집착은 과소평가되고 있다.

12. 소유 – 우리는 소유물을 전부 버릴 수 있다. 하지만 그렇게 하는 사람은 드물다. 우리가 물건을 소유할 뿐 아니라 물건도 우리를 소유한다. 우리가 미래에 결정을 내릴 때 이 소유물이 영향을 미친다.

13. 관계 & 네트워크 – 우리는 타인과의 교류를 통해 약한 유대감과 강한 유대감을 쌓는다. 소셜 네트워크는 이러한 교류를 활성화할 수 있는 수단을 제공한다.

14. 내면의 목소리 – 가장 친밀한 관계는 머릿속 잘 들리지 않는 곳에서 형성된다. 우리는 내면의 목소리와 항상 애증의 관계가 있다. 우리에게 계속해서 이의를 제기하는 이 목소리는 미래의 내 모습에 영향을 미칠 것이다.

15. 희망 & 욕구 – 모든 위대한 사람은 발전에 대한 희망과 열망이 있다. 그들은 더욱 영향력 있고 열정적이며 의미 있는 사람이 되고자 한다.

16. 명성 – 우리가 일을 훌륭하게 수행할 경우 명성이 저절로 높아질 것이다. 다양한 변수가 명성에 영향을 미치며, 명성은 우리가 누구인지를 보여주는 중요한 특징 중 하나다.

17. 전환 – 오늘의 약점은 훗날 장점으로 활용될 수 있다.

18. 유산 – 사는 동안 남긴 흔적은 우리가 이룰 수 있는 최고의 성과다.

Epiphany

Z

과거의 내가 더 이상 중요하지 않은 18가지 이유

우리 안에 존재하는 운명론자는 희망을 앗아간다. 변화가 불가능하다고 믿을 경우 정말로 그렇게 된다. 과거의 내가 더 이상 중요하지 않은 18가지 이유는 다음과 같다.

1. 외모가 달라졌다. 현재 우리의 모습은 20년 전과는 상당히 다르다.

2. 우리는 잊혔다. 과거 삶의 상당 부분은 잊혔다. 그 길에 우리가 남긴 희미한 흔적만이 존재할 뿐이다.

3. 물리적인 능력이 바뀌었다.

4. 수입이 달라졌다.

5. 친구가 달라졌다.

6. 과거에 입던 옷이 더 이상 맞지 않는다. 맞다 하더라도 예전의 느낌이 아니다.

7. 과거에 가장 소중하게 여긴 대상이 이제 의미가 없다.

8. 가장 좋아하는 스포츠 팀에 내가 기억하는 10년 전 선수가 한 명도 없다.

9. 새로운 친구가 옛 친구보다 소중할 수 있다.

10. 현재의 나는 과거의 나보다 더 나은 결정을 내릴 수 있다.

11. 내가 바뀌는 한, 과거의 실수는 더 이상 나를 따라다니지 않는다.

12. 좋은 기억이 안 좋은 기억을 대체할 수 있으며 더 고무적이고, 더 흥미로우며, 더 전염성 있는 새로운 꿈이 옛 꿈을 대체할 수 있다.

13. 새로운 기술 덕분에 우리는 다른 사람이 될 것이다.

14. 삶에서 겪는 중요한 변화는 작은 단계로 나뉠 수 있으며, 반복되고 수정되며 조정될 수 있다.

15. 나는 마음만 먹으면 내가 원하는 사람이 될 수 있다.

16. 현재의 문제를 해결할 수 있는 방법은 언제나 존재한다.

17. 나의 발전을 막는 유일한 상대는 나 자신이다.

18. 인간이 지닌 지혜는 무한하다.

매일 아침 이를 닦으며 거울을 바라볼 때면 거울 속의 내가 낯설게 느껴진다. 내가 20년 전의 나와 같은 사람이라면 지금 내 모습은 왜 20년 전과 달라 보이며 그때와 다르게 생각하는 것일까? 또한 내가 밟아온 길은 왜 그렇게 예측하기 어려웠던 걸까?

우리는 삶의 목적을 찾고자 할 때 이 같은 질문을 던진다.

하지만 이보다 더 높은 차원의 질문이 있다. 일상적인 사고방식에서 벗어나는 질문이다.

과학이나 종교가 답을 제공할 수 없는 10가지 질문

수년 전 돔 모양의 집을 둘러본 적이 있는데, 건축가는 돔이 시각적 환영이라고 말했다. 우리는 방에 들어갈 때 무의식적으로 방의 모퉁이를 살펴본다. 자신이 들어간 공간의 맥락적인 차원을 이해하기 위해서다. 건축가의 말에 따르면, 돔에는 모퉁이가 없기 때문에 내부에서 보면 실제보다 커 보이고 외부에서 보면 동일한 면적의 직사각형 집보다 작아 보인다고 한다.

이 맥락이라는 개념은 평생 내 머릿속을 떠나지 않는다. 나는 거의 대부분의 문제에 이를 대입해 본다. '방의 모퉁이'를 찾기만 하면 내가 다루고 있는 대상을 이해할 수 있다. 하지만 시간과 공간의 시작점과 우주의 크기에 대한 답은 쉽게 찾을 수 없다. '모퉁이'를 찾을 수 없기 때문이다. 하지만 계속해서 답을 찾기 위해 노력한다.

이는 나만을 위한 치료 과정에 불과할 수 있다. 하지만 '큰 관점을 필요로 하는 문제들에 대한 나의 생각'이라는 내 개인적인 여행에 여러분을 초대하고 싶다.

이 여행은 10가지의 단순한 질문에서 시작된다.

1) 왜 모든 규칙에는 예외가 존재할까?

왜 모든 규칙과 이론, 격언, 모델에는 예외가 존재할까? 이 세상이 작동하는 방식이 그렇기 때문이다.

완벽한 세상에서는 예외가 없다. 이는 사실일까? 언뜻 보기에 이는 진부한 질문처럼 보인다. 대부분의 사람은 그저 피식 웃은 뒤 이 질문을 무시해버릴 것이다. 하지만 과학자들이 물질, 에너지, 입자, 파도 간의 관계를 파악하고 연구하기 위해 수많은 노력을 쏟아 붓는 세상에서는 모든 것이 완벽하게 이해되어야 하지만 그렇지 않다는 것이 문제다.

예외는 왜 존재하는 것일까?

예외는 중요하다. 100퍼센트 예측 가능한 것은 없다. 우리는 오늘도, 내일도 존재하는 건물, 태양 주위를 동일한 궤도로 도는 지구, 우리를 아래로 끌어당기는 중력, 거의 동일하게 유지되는 빛의 속도를 확신할 수 없다. 사실 세상을 움직이는 자연의 힘을 예측할 수 있는 가능성은 상당히 높다. 하지만 가능성은 확실성과는 다르다. 완벽한 확실성이란 존재하지 않는다. 확실한 것은 아무것도 없다는 사실만 확신할 수 있을 뿐이다.

2) 논리와 추론이 사실을 밝히지 못하는 이유는 무엇일까?

과학계에서는 논리와 추론으로 설명할 수 있는 것만을 사실로 인정한다. 종교를 믿는 사람은 다른 방법을 사용하겠지만 그들 역시 자신들이 믿는 사실을 입증하기 위해 논리와 추론을 활용한다.

그렇다면 논리와 추론만으로 이 세상을 설명할 수 없는 이유는 무엇일까?

마치 이 세상은 완벽한데 누군가가 이를 '0'으로 나눠 혼란스럽게 만든 것 같다. 완벽한 대상에는 항상 혼돈이라는 비밀 재료가 숨어 있기 마련이다.

질서는 혼돈보다 완벽할까? 아니면 혼돈은 질서의 고상한 형태에 불과할까? 이것을 논리와 추론으로 설명하지 못한다면 어떻게 알 수 있을까?

3) 우주는 유한할까, 무한할까?

우주의 가장자리 밖으로 이동할 수 있다면 무슨 일이 발생할까? 아마 다른 우주와 정면충돌할 것이다. 하지만 그것을 우리가 어떻게 알겠는가?

다른 우주는 다른 색깔이며 다른 법칙이 작용할까? 아니면 아몬드 냄새가 날까? 이 모든 것들을 우리가 어떻게 알겠는가?

"당신은 우주 A의 끝에 도달하셨습니다. 우주 B에 오신 것을 환영합니다." 라고 쓰인 커다란 표지판을 떠올려본다. 무한대에 1을 더하면 얼마나 큰 수일까?

4) 존재의 이유는 무엇일까?

무언가가 존재하기 전에는 아무것도 없었다. 그렇다면 아무것도 없는 상태에서 무언가는 어떻게 탄생했을까? 빅뱅, 창조, 신 이전에는 무엇이 존재했을까?

다른 차원이나 비선형 시간과 관련된 이론을 들먹이면 혼란스러워지기 시작한다. 하지만 이러한 이론들조차도 '무언가는 왜 존재할까?'라는 가장 근본적인 질문에 답해주지 못한다. 무언가는 존재한다, 그렇다면 그 존재의 이유는 무엇일까?

5) 시간은 왜 존재할까?

시간은 우리 머릿속에 존재하는 메트로놈의 똑딱 소리, 심장 박동, 눈의 깜빡임, 뇌의 정신적인 파동을 비롯해 우리의 삶을 지배하는 생물학적인 주기다. 하지만 항상 물속에 있기 때문에 물을 이해할 수 없는 물고기처럼 우리는 항상 시간 속에 에워싸여 있기 때문에 시간을 이해할 수 없다.

우리 모두에게 시간은 각기 다른 의미를 지닌다. 누군가는 시간을 '이용해야 하는 수단'으로 생각하고 다른 누군가는 일출, 물리학의 법칙, 논의의 대상이 되는 철학, 시침과 분침, 초침, 그림자의 길이, 모래시계에서 떨어지는 모래 알갱이로 생각한다.

또한 시간의 존재에 대한 믿음에도 역시 예외의 법칙이 존재한다.

나는 "시간이 존재하는 이유는 모든 것이 한 번에 발생하지 않게 하기 위해서다."라는 알버트 아인슈타인의 말을 좋아한다. 이 말을 통해 아인슈타인은 시간의 지배를 받지 않는 다른 차원의 존재를 말하고 싶어 한 걸지도 모른다.

6) 인간은 왜 중요할까?

우리는 이 세상에 태어나 먹을 것과 살 곳을 찾고 이해의 폭을 넓히기 위해 교육을 받으며 건강을 유지하고 친구를 만들며 관계를 형성하고 가족을 돌보며 생계를 유지한 뒤에 삶을 마감하기까지 끊임없이 고군분투한다.

살면서 더 많은 것을 이룬다고 치자. 하지만 돈을 더 많이 벌고 친구를 더 많이 사귀고 더 큰 가정을 꾸리는 등 다른 이들보다 나은 삶을 산다 하더라도 우리는 결국 죽음을 맞이할 것이다.

870만여 종이 살고 있는 이 세상에서 인간은 어떻게 적응하고 있는 것일까?

인공적인 구조물과 기계, 제도, 문화를 지닌 과거의 문명은 결국 대자연에 굴복했으며 우리가 남긴 흔적은 식물, 동물, 박테리아, 곰팡이에 의해 체계적으로 제거되고 있다.

그렇다면 인간은 왜 중요할까?

이 같은 질문을 던질 수 있고 헤아리기 힘든 것을 헤아리며 생각할 수 없는 것을 생각할 뿐 아니라 다른 종이 성취할 수 없는 것을 성취하는 능력 덕분에 우리는 고상한 목적을 지니는 것일까? 인간은 우주의 수호자이자 보호자이며 결국은 주인이 될 운명일까?

그렇다면 다음과 같은 질문을 해보자.

7) 인간은 왜 실수를 할까?

인간은 위대한 영웅이 될 수도 있고 최악의 적이 될 수도 있다. 업적을 달성할 경우 칭찬받고 실패할 경우 책망받는다.

지구상에 존재하는 모든 종 중에서 인간은 가장 예측하기 힘들고 가장 파괴적이다. 또한 양육기간이 가장 길며 가장 많은 음식을 소비한다. 인간은 호기심이 가장 많고 인지력이 가장 뛰어나며 가장 혁신적이지만 비디오 게임을 하느라 수많은 시간을 소비할 확률도 가장 높다.

그렇다, 우리는 다른 동물에 비해 지능이 가장 뛰어날지도 모른다. 그럼에도 인간은 왜 실수를 하는 것일까?

8) 인간이 이룬 업적은 장기적으로 의미가 있을까?

인류가 남긴 가장 뛰어난 업적에는 피라미드 건설, 달 시착, 전화기와 전구 발명, 훌륭한 예술작품과 수많은 연주곡 제작 등이 있다. 하지만 큰 관점에서 장기적으로 봤을 때 이 위대한 업적이 정말로 중요할까?

인간이 오늘날 이룬 업적은 그저 다음 단계로 가기 위한 디딤돌이 아닐까?

이 세상은 전제조건을 바탕으로 돌아간다. 기계기사는 단일점 절단 기계의 작동 원리를 이해한 뒤에야 다축성 제분으로 넘어갈 수 있다. 기술자는 기계적 응력과 변형의 개념을 이해한 뒤에야 외팔보를 구부릴 수 있다. 금속공학자는 열역학을 이해한 후에야 고체의 상변환을 시도할 수 있다. 물리학자는 양자역학을 이해한 뒤에야 소립자 물리학의 표준 모델을 이해할 수 있다. 수학자는 비선형 미분 방정식을 이해한 뒤에야 기이한 끌개(처음 상태가 어떻든 언젠가 어떤 특정 상태로 수렴하게 되면 이를 끌개라고 하는데, 이 끌개가 하나의 상태가 아니고 매우 복잡한 구조를 가질 때를 가리켜 이렇게 부른다. —옮긴이)를 이해할 수 있다.

우리가 지금까지 이룩한 성과는 우리가 아직 모르거나 이해하지 못하는 것을 달성하기 위한 디딤돌에 불과할까? 그렇다면 가까운 미래에 일어나겠지만 우리가 현재 모르고 있는 것은 무엇일까?

9) 미래는 왜 알 수 없을까?

'미래를 알 수 있다면' 우리의 욕구와 동기는 사라질 것이다. 하지만 이것이 '미래를 왜 알 수 없는가?'에 대한 답을 제공해주지는 않는다. 나는 미래가 우주 전체를 동시에 끌어당길 수 있는 거대한 힘이라고 생각한다.

우리에게는 선택권이 없다. 미래는 우리의 참여 의사와 관계없이 발생할 것이다. 다가오는 미래의 속도를 조절하거나 그것을 멈추게 할 수 있는 기술은 현재 없다. 미래가 펼쳐지는 속도는 일정하며 가차 없다.

그렇다면 미래는 우리에게 언제나 미지의 존재로 남아 있을 것인가?

10) 죽음의 목적은 무엇일까?

스티브 잡스는 죽기 직전 이렇게 말했다. "죽고 싶은 사람은 없다. 천국에 가고 싶은 사람도 그곳에 가기 위해 죽기를 바라지는 않는다. 하지만 우리 모두는 결국 죽음을 피할 수 없다."

하지만 왜 죽음인가?

우리는 재가 되거나 정신이 신체를 떠나가거나 눈에 보이지 않는 엘리베이터를 타고 최상층으로 가거나 정신적으로 소멸할 수도 있지 않을까? 우리는

죽음을 두려워한다. 피할 수 없는 죽음을 최대한 미루기 위해 비타민, 건강식
품, 헬스장, 병원 등에 막대한 양의 돈을 퍼붓는다.

　　'미래는 우리의 참여 의사에 관계없이 발생할 것이다.'

과학과 종교 간의 갈등

우리는 우선 논리와 추론을 통해 앞에서 언급한 질문들에 대한 답을 얻고자 할 것이다. 이는 다소 모순적인 생각이다. 논리와 추론을 통해서는 우주의 불가사의에 대한 답을 얻을 수 없기 때문이다.

코페르니쿠스가 등장하기 전에도 필롤라오스와 아리스타쿠스 같은 과학자들이 지동설을 주장했다.

니콜라스 코페르니쿠스가 1543년 《천체의 회전에 관하여(On the Revolution of the Celestial Spheres)》를 출간한 이후 지동설에 관한 증거가 수 세기에 걸쳐 축적되었으며, 1615년 갈릴레오가 이름을 떨치면서 과학과 종교 간의 갈등이 극에 달하게 되었다. 하지만 과학이나 종교로 합리적인 답을 얻을 수 없는 질문들이 있기 마련이다.

오늘날 우리 주위의 사람들은 현재의 일부이자 미래의 일부가 될 것이다. 지능이 뛰어난 사람은 다른 견해를 지닌 사람을 무시하기 쉽다. 하지만 다른 견해를 지닌 이들 역시 미래가 형성되는 데 영향을 미친다. 우리에게 목적이 있다고 믿는다면, 이 세상의 온갖 것들에 대해서도 그렇게 믿어야 할 것이다.

악을 최대한 이용하기

불현듯 떠오른 생각, 직관에서 나온 말, 우리를 끊임없이 괴롭히는 생각 같은 외부 차원을 경험해보지 않은 사람은 없을 것이다. 이제 가장 기본적인 질문에서 시작해보자. 무언가가 존재하는 이유는 무엇일까?

아돌프 히틀러가 존재하지 않았더라면 더 나은 세상이 되었을까?

폴 포트, 요시프 스탈린, 이디 아민, 이반 4세, 징기스칸, 네로, 오사마 빈 라덴, 훈족의 아틸라, 히로히토 중 역사에 가장 안 좋은 영향을 미친 인물을 골라야 한다면 의견이 분분하겠지만 분명한 것은 이들 모두 우리가 혐오하는 악마라는 점이다.

이제 보다 철학적으로 접근해보자. 악마로 여겨지는 전형적인 인물들이 존재하지 않았더라면 세상이 어땠을지 생각해 보는 것이다. 그러면 완전히 새로운 관점에서 인류의 진보를 바라보게 된다. 물론 나는 히틀러를 비롯해 인류 역사에서 잔혹한 행위를 저지른 사이코패스들을 좋아하지 않는다. 하지만 악마는 역사속에서 중요한 역할을 하며 때로는 긍정적인 역할을 하기도 한다.

악마와의 싸움은 끝이 없다. 우리는 악마를 최대한 제거해야 한다. 따라서 악마가 '너무 적을' 경우 인류는 위험해질 거라고 말하는 것은 터무니없는 생각일 것이다. 하지만 우리는 역경 속에서 앞으로 나아가며 고난과 곤경을 극복하기 위해 최선을 다하게 된다. 따라서 '악을 최대한 이용하는' 방법을 생각해 봐야 한다.

경쟁의 필요성

우리는 끔찍한 사건으로부터 거리를 유지할 줄 안다. 우리는 속으로 '그들은 그런 끔찍한 동네에 살지 말았어야 했어.'라든지 '부모가 자식을 제대로 키웠더라면 범죄 조직에 가입하지 않았을 텐데' 혹은 '저들은 총을 사지 말았어야 했어.'라고 생각한다.

우리 머릿속을 떠다니는 이런 말은 우리는 나쁜 일들로부터 멀찍이 떨어져 있으며 그런 일은 '다른 사람'에게나 일어난다고 우리를 안심시켜준다. 우리가 보는 악당은 TV 속에서나 존재한다. 하지만 악마의 화염이 우리의 머리카락을 태우기 시작하면 모든 것이 바뀐다. 적당한 거리를 유지하던 관점이 완전히 다른 양상을 띠게 된다.

경쟁하고자 하는 인간의 욕구는 끝이 없다. 어릴 때는 관심을 받기 위해, 혹은 식탁에 제일 먼저 앉기 위해 경쟁한다. 학교에 들어가면 공부를 잘하고 인기를 끌고 옷을 잘 입고 운동을 잘하기 위해 경쟁한다. 또한 직업을 구할 때가 되면 좋은 직장에 들어가고 업무를 수행하고 승진하기 위해 경쟁한다.

우리는 경쟁을 통해 최선을 다하게 되고 더 멀리, 더 빠르게 나아갈 수 있다. 부정적인 상황 역시 경쟁을 낳을 수 있다. 우리는 역경을 극복하기 위해 내면의 역량을 활용한다. 경쟁 상대가 없을 경우 집중력이 저하될 수 있다. 하지만 지나친 경쟁 또한 좋지 않다. 지나친 경쟁에 노출될 경우 우리는 급격히 무너진다.

만약 우리의 목적이 경쟁을 선택하는 것이라면 우리의 변화를 위해 경쟁할 수 있는 경쟁의 장을 선택하는 것이 어떨까?

대의 창출자의 등장

1863년, 아브라함 링컨은 노예 해방령을 선포했다. 노예에게 자유를 선사하는 행정 명령이었다.

하지만 흑인들은 진정한 자유를 누리지 못했다. 여전히 백인과는 다른 취급을 받았기 때문이었다. 이러한 상황은 민권운동을 촉발시켰다. 이 민권운동은 1950년대에 본격적으로 시작되었는데, 이 사회적인 대의는 미국이라는 국가를 갈라놓았다. 그 결과 내전이 발발했고, 그로 인해 사회가 입은 상처가 회복되는 데에는 오랜 시간이 소요되었다.

1954년, 대법원은 학교의 인종 격리 정책이 불법이라는 판결을 내렸다. 수년에 걸친 시위, 행진, 데모 끝에 1963년, 민권운동은 정점에 달했다. 마틴 루터 킹의 '나에게는 꿈이 있습니다.'라는 유명한 연설이 있던 해였다.

이후 케네디 대통령, 마틴 루터 킹, 보비 케네디의 암살 등 사회적으로 불안했던 몇 년이 지난 뒤, 민권운동은 드디어 소강상태를 보였으며 1968년, 인종 차별을 금하는 법안이 통과되었다.

과거에는 이러한 운동이 긴장과 갈등으로 가득 차 있었다. 하지만 이제 상황이 급격하게 바뀌고 있다. 모든 조직적인 운동에는 시작과 중간, 끝이 있다.

깊이 뿌리박힌 차이에서 기인한 운동의 경우 긴장과 다툼이 발생한다. 하지만 분열이 심각하지 않은 대부분의 운동에서는 사회가 적응을 하고 나아간다. 오늘날에는 대중의 의견을 조직하고 이에 영향을 미치는 거대한 의사소통 체제가 존재하기 때문에 우리는 과거에 비해 사회적 대의를 훨씬 쉽게 조직할 수 있다.

사회 운동을 조직하는 일이 용이해지자 '대의 창출자'라는 새로운 영향력 행사자가 탄생했다.

대중과 의사소통하고 그들의 의견에 영향을 미치며 운동을 조직하는 역량이 향상됨에 따라 폭력적 운동의 가능성이 줄어들고 있다. 그 결과 오늘날 대의의 수명 주기는 과거에 비해 훨씬 짧아지고 있다. 더 많은 대의가 더 빨리 발생했다가 사라지는 것이다. 따라서 운동의 조직자이자 영감적인 지도자인 '대의 창출자'의 역할이 중요해졌다. 대의의 수명 주기, 그리고 시작, 중간, 끝 단계에 발생하는 활동들을 이해할 경우 리더는 과거보다 훨씬 조직화된 노력을 할 수 있을 것이다. 이제부터 대의의 3단계를 살펴보자.

1단계-새로운 대의 착수하기

두 조직 간에 극심한 차이가 존재할 경우 새로운 대의가 발생할 수 있다. 과거에는 빈곤이나 부의 격차 같은 곳이 시작점이었다. 하지만 오늘날에는 관습, 이민 기준, 윤리, 가치 간의 차이가 원인이 될 수 있다.

그러나 이러한 차이만으로 운동이 조직되지는 않는다.

운동은 중요한 반응을 일으키는 단일한 사건에서 시작된다. 나는 이를 '도화선에 불을 붙이는 사건'이라 부른다. 이 특정한 사건은 연쇄 작용을 통해 다른 사건을 낳으며 이는 1단계의 사회 운동으로 이어진다. 예를 들어, 민권운동은 흑인 여성 로자 파크스가 버스에서 백인에게 자리를 양보할 것을 거부해 어마어마한 벌금을 물은 사건 이후로 급격히 진행되었다.

사회 운동은 전략을 짜고 실행하며 후속조치를 취하고 관리하는 능력을 갖춘 카리스마 넘치는 지도자를 중심으로 조성된다.

'도화선에 불을 붙이는 사건'으로 사회 운동이 시작되면 그 뒤에는 두 단계의 소집이 진행된다. 첫 번째 소집은 이 운동의 일차적인 목표와 이상에 관심이 있는 사람을 대상으로 이루어진다. 두 번째 소집은 이 운동이 어느 정도 성공하고 유행이 되면서 발생하는데, 보통 금세 시들해진다.

2단계-성공 규정하기

상당수의 운동이 성공 전략에 초점을 맞추지 않기 때문에 실패로 돌아간다. 변화할 필요성이 확실하다면 어떠한 변화가 일어나야 하는지 구체적으로 명시할 필요가 있다. 하지만 많은 운동이 명확한 비전을 제시하지 못한다.

사회 운동이 성공하기 위해서는 발전을 측정할 수 있는 기준을 수립해야 한다. 요구만을 목표로 삼을 경우 해당 운동은 실패할 것이다. 요구는 지속적이다. 하지만 대의는 한정적인 수명 주기를 지니며 완료점이 명확하다.

한정적인 수명 주기는 명확한 성공 기준을 제시하기에 완료점보다 중요하다. 이렇게 제시된 성공 기준은 훌륭한 관리 지표의 기반이 된다. 수단이 확실할 경우 사실상 거의 모든 상황을 세밀하게 분석하고 가장 효과적인 변화를 가져올 수 있는 주요 변곡점을 찾을 수 있으며 적정한 지표를 적용할 수 있다. 우리는 이 지표를 통해 발전 사항을 추적할 수 있다.

과거에는 어려운 사람을 위해 자신의 삶을 희생하는 용감한 사람이 존경받았다. 그들은 개인적인 만족감으로 가득 찬 고결한 삶을 살았다.

그러나 미래에는 사람들을 곤경에 빠뜨리는 원인을 해결할 수 있는 사람이 훨씬 더 존경받을 것이다.

대의 창출자는 사회적 약자를 돕는 것에서 한발 더 나아가 사회 정의를 실현하기 위해 노력할 것이다. 대의 창출자는 명성을 떨치고 의미 있는 삶을 살고자 하는 젊은이들 사이에서 흥미로운 직업으로 부상할 것이다.

3단계-마무리하기

모든 음악은 시작과 중간, 끝으로 이루어진다. 역사책이나 TV 대본 속 이야기에도 시작과 중간, 끝이 있기 마련이다.

효과적인 대의 창출 과정 역시 동일한 구조를 지닌다. 최고의 대의 창출자는 시작과 중간, 끝을 구분 지을 줄 아는 사람이다. 그들의 역할은 현실적인 실행 계획을 세우고 이를 실행에 옮기며 주요한 사회 문제를 해결하는 절차를 완료하는 것이다.

미래의 대의 창출자는 그들 스스로 개발한 도구 뿐 아니라 현재로서는 상상할 수 없는 수단으로 무장할 것이다. 하지만 가장 중요한 것은 끝낼 때를 아는 것이다. 지나치게 많은 것을 요구하는 것은 지나치게 적은 것을 요구하는 것만큼이나 바람직하지 않다. 훌륭한 대의 창출자는 수확체감의 시점을 안다.

목적의 긴급성 & 실패의 힘

미래학자인 나는 실패를 추적하는 데 많은 시간을 할애한다. 왜 실패일까? 실패는 사회가 나아가는 방향을 바꾸는 것을 힘들게 만드는 확고한 닻과도 같기 때문이다. 미국에서 현재 발생하고 있는 실패의 규모는 어마어마하다. 주위를 돌아보아라. 사업 실패, 제도나 체제의 실패, 일의 실패, 결혼 실패 등을 쉽게 목격할 수 있다.

쉽게 예측할 수 있는 실패도 있다. 이 경우 기존에 알려진 문제가 계속해서 불거지며 해결책이 등장한다. 하지만 대부분의 실패는 그렇게 쉽게 예측할 수 없다. 실패는 대부분 견제와 균형이라는 자연적이고 자체적인 시스템을 따른다. 실패는 관심을 끈다. 자동차 사고가 나면 얼빠진 구경꾼 때문에 고속도로가 정체되는 것처럼 실패는 구경꾼을 끌어들인다. 누군가는 도움의 손길을 제공하지만 다른 누군가는 동일한 실패를 반복하지 않기 위해 재빨리 비켜선다.

이 세상을 움직이는 추진력은 다양하다. 각 추진력은 여러 방향으로 폭발적인 힘을 발산하는 수류탄과도 같다. 이 특정한 힘 덕분에 이례적인 양의 에너지가 특정한 방향에 집중되며, 그 결과 다음과 같은 주기가 발생한다.

1. 피할 수 없는 죽음은 절박감을 낳는다.

2. 절박감은 목적을 낳는다.

3. 목적은 지식의 탐구를 낳는다.

4. 지식의 탐구는 기술을 낳는다.

5. 기술은 복잡성을 낳는다.

6. 복잡성은 실패를 낳는다.

7. 실패는 마찰을 낳는다.

8. 마찰은 피할 수 없는 죽음을 낳는다.

이 연결고리를 자세히 살펴보면 대단히 흥미로운 관계가 드러난다. 이 관계는 인류와 인류가 살고 있는 세상을 이해하는 데 상당히 유용하다.

1) 피할 수 없는 죽음은 긴급성을 낳는다.

우리 모두는 언젠가 죽을 것이다. 따라서 우리가 무언가를 수행하기 위한 시간은 한정되어 있다. 지금도 시간은 흘러가고 있다. 오늘 당장 업무를 수행하지 않을 경우 우리에게 주어진 소중한 시간을 낭비하게 될 것이다. 물론 100년 전에 비해 인간의 수명은 길어졌으며 우리에게는 준비 기간이 조금 더 많아졌다. 하지만 우리는 여전히 피할 수 없는 죽음 때문에 절박감을 느끼며, 이는 우리가 수행하는 모든 일에 큰 영향을 미친다.

경쟁과 지위에 대한 갈망 역시 절박감을 낳지만 모래시계에서 끊임없이 떨어지는 모래 알갱이를 보며 우리의 삶 역시 손가락 사이로 빠져나가는 듯한 기분이 들 때만큼은 아니다. 한정적인 삶은 누구도 피해갈 수 없는 불변의 진리다. 영원한 삶은 비생산적일지도 모른다. 끝이 보이지 않는 삶을 살 경우 '중요한 일은 오늘 처리하자'는 동기를 잃을 수 있다.

2) 절박감은 목적을 낳는다.

우리는 '내가 이 일을 왜 하는가?'라는 질문을 수없이 되뇐다. 이는 공통의 관심사다. 우리 모두는 '의미 없는' 일을 하기 싫어하기 때문이다.

베이비부머는 나이들고 있다. 은퇴할 때가 된 이 세대는 자신이 원하는 삶을 살지 못한 것을 후회하며 더 고상한 삶의 의미를 찾고 있다. 포브스지 발행인인 리치 칼가아드는 이를 '의미를 찾는 나이'라 부른다. 과거 히피 세대들이 높은 소명에 응답해 현재 자신이 원하는 바를 추구하고 있는 것이다.

3) 목적은 지식의 탐구를 낳는다.

의미와 목적을 찾기 위해서는 더 많은 지식이 필요하다. 오늘날, 정보는 무한하지만 지식은 유한하다. 우리는 급증하는 정보의 창고에서 꼭 필요한 지식만 찾아내야 한다. 이는 혼자 힘으로는 수행할 수 없기 때문에 우리는 결국 기술에 의존할 수밖에 없다.

4) 지식의 탐구는 기술을 낳는다.

인간은 취약점과 신체적인 한계 때문에 기술적인 해결책을 찾는다. 빠르게 생각하고 평범한 시각에서 벗어나며 세상 반대편의 상황을 파악하고 평범한 생각으로는 이해하기 힘든 정보를 처리하려면 어떻게 해야 할까? 사실상 거의 모든 발명품은 인간의 감각이나 역량에서 탄생했다. 더 많은 정보를 활용할수록 기술을 이용할 필요성이 높아지는데, 이제부터 상황이 복잡해지기 시작한다.

5) 기술은 복잡성을 낳는다.

기술은 복잡성을 낳지만 사실 복잡성을 다루는 수단이 되기도 한다. 이제

100개의 계좌를 서류로 관리하는 대신, 1000개의 계좌를 컴퓨터로 관리할 수 있다. 또한 도서관에서 2만 권의 책을 들여다보느라 10시간을 소비하는 대신, 온라인에서 10분만 투자하면 2백만 권의 책을 검색할 수 있다.

기술 덕분에 우리의 활동 범위가 넓어졌을 뿐 아니라 복잡한 시스템과 복잡한 해결책을 고안하는 역량 또한 증가하고 있다.

복잡성 자체는 좋지도 나쁘지도 않다. 하지만 복잡성은 취약성을 높이기 때문에 지나치게 복잡해질 경우 우리는 이를 관리할 수 없게 된다. 바로 이때 실패가 발생한다.

6) 복잡성은 실패를 낳는다.

복잡할수록 실패할 확률이 높아진다. 하지만 복잡성은 더 많은 기능을 제공한다. 복잡성은 필수적이고 유용하기도 하다. 복잡성은 자생력을 지닌 유기체와도 같다. 복잡한 시스템은 한계점에 도달할 때까지 확장되는데, 한계점에 도달하는 순간 마찰이 발생한다.

7) 실패는 마찰을 낳는다.

실패는 많은 것을 낳는다. 실패는 특히 상당히 감정적이며, 격렬한 감정은 마찰을 낳는다. 우리는 본능적으로 실패를 안 좋게 생각한다. 하지만 실패로 인한 마찰은 더욱 좋지 않다. 실패는 재개의 시간이 되기도 한다. 옛 가지가 죽은 곳에 새로운 가지가 자라는 것이다. 마찰은 실패에 대한 저항 때문에 발생한다. 실패는 피할 수 없기 때문에 우리는 저항할 수밖에 없다. 마찰이 발생하면 우리는 추구하고자 했던 대상이 지닌 중요도를 확실히 알게 된다.

8) 마찰은 피할 수 없는 죽음을 낳는다.

모든 마찰은 인간의 취약성을 반영한다. 마찰 속에는 혼란과 의심, 예측, 후회가 득실댄다. 결국 우리는 무엇을 위해 싸웠는지 묻게 되고 피할 수 없는 죽음을 생각하게 된다.

나는 이 순환주기를 처음 구상했을 때 이 주기가 정말로 의미가 있는지, 이러한 통찰이 유용할지 파악하기 위해 노력했다. 나는 마음속 깊은 곳에서 계속해서 '이 주기는 불가피할까?', '이 주기를 끝낼 수 없을까?', '끝내야 하지 않을까?'라고 물었다.

나는 우리가 살면서 취하는 모든 단계는 다음 단계를 위한 준비 과정이라고 결론지었다. 우리는 우리가 취하는 행동에 특정한 패턴이 존재한다거나 우리를 지배하는 특정한 주기가 존재한다고 생각하지 못한다. 우리에게는 한 단계를 건너뛰거나 우회하거나 완전히 다른 단계로 훌쩍 뛰어넘을 수 있는 역량이 없다. 그저 속도를 높이거나 늦출 수 있을 뿐이다.

우리는 수많은 바퀴를 동시에 굴려야 한다. 가족이라는 바퀴는 업무라는 바퀴보다 중요하며 업무라는 바퀴는 사회를 비롯한 기타 바퀴보다 중요하다. 전 세계적으로 정보의 데이터베이스가 급증하고 이를 이용할 수 있는 기술이 등장하면서 바퀴는 점점 더 빠른 속도로 돌아가고 있다. 한 바퀴가 균형을 이루지 못할 경우 나머지 바퀴에도 파급효과를 미칠 것이다. 마찰이나 실패를 제거할 경우 더 나은 삶을 살 수 있을까? 아니면 이를 최대한 유리하게 활용하는 편이 나을까?

'빨리 실패하고 자주 실패하라'는 새로운 격언이 존재하는 오늘날,
우리는 성공과 목적의 주요 요소로서
실패의 불가피성을 받아들이기 시작했다.

Epiphany Z

Z 통찰 - 학습 최적화

다가오는 급변하는 세상 속에서 효과적이고 생산적으로 살아가기 위해서는 학습하는 자세뿐 아니라 꾸준히 학습하는 능력이 그 어느 때보다 중요해질 것이다. 그렇다고 해서 여생을 대학 수업을 들으며 보내게 될 거라는 의미는 아니다. 오히려 정반대다.

사실 미래에는 교육 수준이 가장 높은 사람일지라도 대학을 다녀본 적조차 없을 수 있다.

대학 학위는 오랫동안 신분과 지위의 상징이 되어 왔다. 또한 우리의 지적 수준을 보여주는 인정할만한 지표이자 수년 간의 학습을 입증하는 결과물이다. 평균적으로 대학을 졸업한 사람은 그렇지 않은 사람에 비해 똑똑하다고 여겨진다. 하지만 성공한 사람 중에는 대학 졸업장을 대수롭지 않게 생각해 다른 길을 택한 경우도 있다. 사실 그들의 집에 대학 졸업장이 걸려 있는지 신경 쓰는 사람은 거의 없다. 그들은 다른 방법으로 신분과 지위를 얻었기 때문이다.

재능이 있지만 대학에 진학할 시간과 돈, 기회가 없는 사람이 취득할 수 있는, 대학 졸업장과 대등하거나 그보다 더 가치 있는 대체물이 존재할까?

이는 꼭 생각해 봐야 할 문제다. 앞으로 대학을 선택하지 않는 사람이 증가할 것이기 때문이다.

하지만 업계 리더에게 '대학 졸업장만큼 중요하다고 생각하는 성과는 무엇인가?'라고 물었을 때 대학 교육을 바탕으로 하지 않는 것을 꼽기란 쉽지 않을 것이다.

신분의 상징, 공격받다.

나는 "대학의 미래: 혁명의 청사진"이라는 최근 기사에서 '신분의 상징'으로서의 대학이 어째서 공격받기 직전인지 설명했다. 대학 학위는 여전히 중요하다. 하지만 이제 새로운 신분의 상징이 등장해 대학 학위와 직접 경쟁하고 있다. 최근까지 대학의 주요 경쟁 상대는 다른 대학이었다. 하지만 대학들은 서로 경쟁을 하는 동안에도 고등 교육을 위한 전도사라는 사명 아래 굳건히 단결되어 있었다.

오늘날에는 대학 학위와 경쟁할 수 있는 수많은 신분의 상징이 존재한다. 미래에는 그 수가 더욱 증가할 것이다.

미래의 고용주, 동료, 지인들로부터 대학 학위와 동등하거나 그보다 가치 있는 것으로 인정받으면서도 대부분의 사람이 쉽게 획득할 수 있는 성과물은 무엇이 있을까?

나는 이를 4가지 항목으로 분류한다.

1. 등가의 요소(과정이나 프로그램)

2. 대학 학위와 동등한 것

3. 대학 학위보다 가치 있는 것

4. 미래 신분의 상징

대학에 진학하지 않는다고 해서 배우지 않는 것은 아니다! 사실 정반대다. 학습은 성공으로 향하는 모든 길에 꼭 필요한 요소다. 다만 대학에 진학하지 않을 경우 덜 형식적인 학습 과정을 거치게 된다.

Epiphany
Z

등가의 요소

대학 학위를 수여받기 위해 다양한 과정을 이수하는 것처럼 작은 성과를 여러 개 달성할 경우 이와 동등한 자격을 획득할 수 있다.

1. 인증 프로그램 – 대부분의 인증 프로그램은 기존의 학위 프로그램을 대체하거나 보완하기 위해 개발된다. 이러한 프로그램이 지니는 가치는 이를 수여하는 단체의 성격에 따라 상당히 다르다.
2. 자격증 – 마이크로소프트, 시스코, 오라클 등의 자격증은 자격을 수여하는 상당히 보편적인 방법이 되었다.
3. 견습직 – 장인의 밑에서 수년 간 실력을 쌓는 이 역사 깊은 과정은 아직도 존재하며 특정 분야에서는 번성하고 있다.
4. 해외여행 – 해외여행은 점차 보편화되면서 과거에 비해 가치가 낮아졌지만 여전히 훌륭한 성과로 인식되고 있다.
5. 특허 보유 – 과거에 비해 특허 보유자가 많아졌지만 특허 보유는 여전히 주목할 만한 성과로 인식되고 있다.

6. 사건 창출 – 크고 작은 사건이 존재한다. 성공적인 사건을 창출할 경우 규모에 관계없이 다른 이들로부터 주목을 받는다.

7. 회원 가입 – 제휴를 통해 신분을 확보하는 방법이다. 단체의 신용은 개별 회원에게도 적용된다.

8. 창업 – 사업을 시작하는 것은 성공 여부를 떠나 훌륭한 경험이다. 이는 창립자의 정체성에 새로운 차원을 부여해준다.

학위는 내가 누구이며 무엇을 배웠는지
측정하는 도구가 아니다

가족 구성원으로서의 나를 측정하는 지표는 가까운 친족과 가정생활이다. 미래의 직원으로서의 나는 기술과 재능, 지식으로 평가받는다. 커뮤니티의 일원으로서는 내가 구축하고 유지한 관계에 따라 평가되며, 운동선수로서의 나는 체력과 반응 시간, 의지력으로 평가받는다. 우리의 삶에 어떠한 렌즈나 필터를 적용하든 우리는 핵심 요소를 측정하기 위해 다양한 시스템을 활용한다. 또한 우리는 스스로를 최고의 전문가라 생각하지만 사실 우리가 아는 것은 극히 일부에 불과하다.

하지만 이제 상황이 바뀌고 있다. 사물 인터넷(유·무선 통신망으로 연결된 기기들이 사람의 개입 없이 센서 등을 통해 수집한 정보를 서로 주고받아 스스로 일을 처리하는 것을 의미−옮긴이)은 이미 100억 개 이상의 이동하는 물체로 이루어져 있으며 2020년에는 그 수가 500억 개에 달할 것으로 보인다.

이 '사물들'은 절대로 불가능하다고 여겼던 방법으로 우리에 대한 정보를 수집한다. 우리는 이제 섭취하는 음식, 숨 쉬는 공기, 일상적인 활동의 양과 질을 점검할 수 있을 뿐 아니라 우리가 사용하는 정보와 우리의 기분, 업무 수준, 우리가 가장 고무적이라고 생각하는 일을 추적할 수 있게 될 것이다.

우리는 정신과 육체에 들어가고 나오는 정보를 기록하고 우리가 존재하는 맥락까지도 평가하게 될 것이다. 감정적인 맥락, 환경적인 맥락, 정신적인 맥락 등 모든 맥락은 우리의 정체성을 파악하는 데 중요한 역할을 한다. 미래에는 이 모든 것을 측정할 수 있을 것이다. '정량화된 자아(quantified self)'는 우리 주위에 방대하고 측정 가능한 정보 영역을 구축하는 것을 말한다. 우리는 '너 자신을 알라'라는 잠언에 익숙해지면서 자신의 결점과 이를 보완하기 위해 무엇을 학습해야 할지 훨씬 더 잘 파악하게 될 것이다. 따라서 이러한 변화는 대학에 지대한 영향을 미치게 될 것이다.

학사나 석사 학위를 수여받는다고 해서 이러한 결점을 보완할 수 있는 것은 아니다. 이를 위해서는 경험을 쌓고 책을 읽으며 사람들을 만나고 견습생으로 일해야 할 것이다. 대학에서 수업을 듣는 이도 있겠지만 이들 역시 모든 수업을 이수하지는 않을 것이다.

즉, 우리가 학습을 통해 깨닫게 되는 것이 우리가 '공부'한 것보다 훨씬 더 중요해질 것이다.

인간의 속성 정량화하기

창의적이고 세심하며 삶에 대한 열정이 높은 직원을 원할 경우 어떠한 자격증을 지닌 사람을 찾겠는가?

혼자 일하는 것을 좋아하며 아주 작은 세부사항까지도 파악할 수 있는 꼼꼼하고 끈기 있는 직원이 필요할 경우 어떠한 학위를 지닌 사람을 찾겠는가?

인간의 자질은 다양한 범주로 나뉘는데, 이들을 서로 연결시킬 경우 거의 무한대에 가까운 조합이 나올 수 있다. 하지만 우리에게 이롭게 작용할 수 있는 이 복잡한 인간의 속성은 이를 정량화할 수 없는 시스템에서는 큰 문제가 될 수 있다.

우리는 인간의 속성을 측정하고 평가하거나 점수를 매길 수 없을 뿐 아니라 이를 개선하거나 자격을 인정해주는 공인된 시스템을 갖고 있지도 않다. 그저 우리가 수행한 일만이 우리가 누구인지 보여줄 뿐이다. 하지만 이제 이를 확실히 측정할 수 있는 '정량화된 자아'라는 새로운 기술이 등장하고 있다.

947개의 다양한 신체적 특성과 인간적인 특성을 바탕으로 우리를 측정하는 일련의 평가 시스템을 상상해 보아라.

개인적인 정보 영역을 설정했으면 이제 이와 비슷하지만 더 큰 목표 영역을 그러면 된다. 미래의 목표와 바람을 서술하고 이를 달성하기 위한 전략적인 계획을 구상하는 영역이다.

예를 들어, 당신이 삶에 대한 주도권을 높이고 싶을 경우 목표 영역이 관리를 주제로 한 서적이나 비디오, 수업을 추천해 해당 기술을 습득하도록 도와줄 것이다. 더 유명해지고 싶을 경우 세상의 이목을 끌만한 달성 가능한 기준점들을 제시할 것이고, 날씬하고 활기 넘치는 신체를 원할 경우 가능한 운동 프로그램, 식단, 헬스장 등을 조언해 줄 것이다.

우리의 정량화된 정보 영역은 우리가 추구하는 목표 영역과 중첩될 것이며, 시스템 알고리즘은 우리가 목표를 달성하도록 끊임없이 유도할 것이다.

이 정량화된 자아 기계에서는 우리의 흥미나 욕구, 열망이 바뀔 때마다 목표 영역 또한 바뀔 것이다. 이 기계는 변화하는 개인의 특징을 반영하기 위해 상황을 자주 재검토할 것이다.

정량화된 자아가 인기를 끌게 되면 인간을 평가하는 수단이 기하급수적으로 증가할 것이다. 기업은 기존의 성적증명서나 대학 학위를 바탕으로 해당 인물의 성공을 예측하기 어려워지면서 정량화된 자아를 이용해 적합한 직원을 선택할 것이다. 최종 후보자 명단에 들지 못한 구직자는 채용 담당자가 생각한 자신의 결점과 이를 개선할 수 있는 방법에 관해 자동 리뷰를 받게 될 것이다.

이러한 변화가 대학에 큰 영향을 미치는 이유는 학점과 학위를 수여하는 오늘날의 자격증 제도는 미래에 입사 지원자를 평가하는 데 사용될 정량화된 자아와 사실상 경쟁이 불가능하기 때문이다.

정량화된 자아의 시대가 다가오면서 각자가 자신의 운명을 책임질 수 있는 방법이 훨씬 더 많아질 것이다. 우리는 미래 수입의 상당수를 비싼 학비에 쏟아 부으며 별로 관련 없는 수업을 듣는 대신, 다양한 방법을 통해 나에게 정말로 중요한 학습을 할 수 있을 것이다. 이 모든 노력의 목적은 '나'를 최적화함으로써 '궁극적인 나'가 되기 위한 것이다.

이러한 학습을 할 수 있는 방법 중 하나는 마이크로 대학이 될 것이다.

마이크로 대학 프로그램

2012년 다빈치 연구소는 컴퓨터 프로그래머를 위한 훈련 학교, 다빈치 코더를 수립했다. 11주에서 13주에 걸쳐 진행되는 다빈치 코더는 시카고에 자리 잡은 코드 아카데미(더 스타터 리그로 개명)를 본떠 만든 입문자용 루비 온 레일(Ruby on Rails) 훈련 프로그램이다.

훌륭한 강사진을 갖추기 위해 다빈치 연구소에서 고용한 핵심 인물 중 한 명은 제이슨 노블이다.

덴버에 위치한 지능 에너지 관리 기업인 컴버지의 수석 소프트웨어 엔지니어이자 다빈치 코드의 파트타임 강사로 일하는 제이슨은 교실과 현장에서 사람들을 가르치는 데 얼마나 걸리는지 잘 알고 있다. 그는 새로 고용한 주니어 개발자 세 명을 기대 수준으로 끌어올리는 데 필요한 견습 시간을 비교했다. 비교 대상은 레일 프로그램을 다뤄본 적이 전혀 없는 사람과 다빈치 코더의 11주짜리 프로그램을 들은 사람, 다른 학교에서 26주짜리 프로그램을 들은 사람이었다.

제이슨은 레일 프로그램을 다뤄본 적이 없는 사람은 6개월에서 7개월의 견습 시간이 필요하며 11주짜리 훈련 프로그램을 들은 사람은 2개월, 26주짜리 학교를 다닌 사람은 3주의 견습 시간이 필요하다고 결론 내렸다. 또한 컴퓨터를 전공한 우수한 대학 졸업자는 견습 기간이 2개월이 넘겠지만 기업에 또 다른 가치를 제공해 줄 거라고 예측했다.

물론 이 경우 표본의 크기가 너무 작았으며 경험에 따라 훈련 시간이 천차만별이었다. 하지만 이러한 유형의 비교 분석은 일을 시작하기 전에 얼마큼의 훈련이 필요한지 생각해 보게 만든다. 우리는 이러한 훈련에 투자하는 시간과 돈이 기업 입장에서 최적화되어야 하는지 아니면 직원 입장에서 최적화되어야 하는지도 생각해 봐야 한다.

이제 프로그램 개발자를 비롯한 기타 직업을 위한 재훈련이라는 큰 관점에서 바라보자. 미래에는 사람들이 경력을 훨씬 더 자주 바꿀 것이다. 또한 시간은 소중한 자산이다. 그렇다면 미래에 가장 효과적인 직업 훈련 모델은 무엇일까?

바로 마이크로 대학의 개념을 적용해야 할 때다.

교육이 지나치게 적을 때와 지나치게 많을 때는 언제인가?

《슬럼독 밀리어네어(Slumdog Millionaire)》라는 영화를 보면 뭄바이의 빈민가에 사는 열여덟 살의 고아가 자그마치 2천 만 루피의 상금이 걸려 있는 〈백만장자가 되고 싶은 사람〉이라는 TV 프로그램에 출연한다. 세상 물정에 밝지만 공식적인 교육은 받은 적이 없는 주인공이 이 어려운 퀴즈의 정답을 말할 확률은 지극히 낮았다. 하지만 우연히도 다양한 인생 경험 덕분에 그는 필요한 답을 정확히 알 수 있었다. 이는 매우 한정적인 교육을 받은 예로, 주인공의 이야기는 영화에서나 가능한 드문 일이다.

반대로, 이 세상에는 학사 학위와 석사 학위를 받고도 회사에 취직하는 데 필요한 기술을 습득하지 못하는 사람들이 있다. 기존의 대학은 앉아 있는 시간을 중요하게 생각한다. 가치 있는 것을 배우기 위해서는 최소 4년이라는 시간이 필요하다는 핵심 철학을 고수한다. 오늘날처럼 급변하는 환경에서 진로를 수정할 필요가 있는 사람에게는 지나치게 긴 시간이다.

그렇다면 교육이 '지나치게 적을' 때는 언제이며 '지나치게 많을' 때는 언제일까?

대학은 다양한 분야에서 지식을 쌓아 지식의 폭을 넓히는 동시에 전공 분야에서는 지식의 깊이까지 갖추기를 요구한다. 따라서 예술이나 인문학을 공부하는 학생은 과학 과목을 수강해야 하고 반대로 과학을 전공하는 학생은 예술이나 인문학을 공부해야 한다. 대학 제도가 처음 수립되어 총체적인 지식이 훨씬 부족했던 몇백 년 전에는 합리적인 처사였을 것이다. 하지만 오늘날 미국인이 정보를 사용하는 데 소비하는 시간은 하루 평균 11.8시간이나 된다. 대부분이 TV나 라디오 따위에서 나오는 시시한 정보이긴 하지만 모든 정보가 그런 것은 아니다.

폭 넓음은 이미 우리가 가진 학습적 '문화'가 되었다. 그런데도 여전히 폭을 넓히기 위한 학습을 지속해야 할까?

오늘날 우리는 매일 노출되는 수많은 정보 덕분에 50년 전에 비해 훨씬 더 지적이고 아는 것도 많다. 심리학자 제임스 R. 플린의 이름을 딴 '플린 효과'에 따르면, 미국인의 평균 IQ는 IQ 테스트가 처음 개발된 이후 80년 동안 세대를 거듭할수록 높아지고 있다고 한다.

마이크로 대학의 유형

마이크로 대학은 특정 직종에서 근무하는 데 필요한 최소한의 역량을 쌓을 수 있는 집중적인 중등 교육이다. 해마다 100만 명의 사람이 경력을 바꾸고 있다. 오랜 시간을 요구하는 기존 대학은 시간에 쫓기는 근로자들에게 적합한 해결책이 아니다. 이러한 상황에서 단기간 훈련이라는 새로운 형태의 교육이 등장하고 있다. 수많은 마이크로 대학은 이러한 직업 훈련의 범주에 속할 것이다. 하지만 직업 훈련은 이 훈련을 통해 양성되는 전문적인 장인과 기능 보유자, 기술자를 설명하기에 부적합한 용어다. 모든 경력에는 신분과 자격이 중요한 요소이기 때문에 전문가를 양성하는 모든 교육에는 업계에서 인정하는 자격증과 이름이 있어야 한다.

다빈치 연구소에서는 '맥주 투어의 미래'라는 행사를 개최했다. 초현대적인 버스를 타고 5개의 지역 맥주 양조장을 돌아보는 행사로, 이 행사에 참가한 한 전문가는 지역 대학에서 '양조기술자'가 되기 위한 공식적인 전공과 학위를 제공할 계획이라고 했다. 이는 독학을 통해 몇달 만에 전문가가 될 수 있는 분야에서 4년짜리 대학 학위를 만들려는 또 다른 사례에 불과하다. 마이크로 대학을 이용할 경우 현장에서 직접 배우는 견습 기간을 포함해 2개월에서 4개월에 걸친 집중적인 훈련 프로그램만 이수하면 된다.

　창의적인 마이크로 대학이 지닌 잠재력은 거대하다. 또한 신흥 기술과 비즈니스 트렌드 덕분에 주기적으로 수많은 기회가 발생하고 있다. 운영 가능한 마이크로 대학의 유형은 다음과 같다.

- 공인 크라우드펀딩 교육
- 개 사육자 대학
- 양조기술자 대학
- 3D 프린트 기술자 교육 센터
- 드론 조종사 학교
- 전신 스캐너 아카데미
- 데이터 시각화 및 분석 학교
- 아쿠아포닉스(생태순환형 양식-옮긴이) 농부 연구소
- 온라인 대회 매니저/프로듀서 학교
- 프리랜스 이코노미(프리랜서를 중심으로 사업을 운영하는 경제 구조-옮긴이)를 위한 프로젝트 매니저 교육
- 도시 농업 아카데미
- 유산 관리 상담사 학교
- 애완동물 보호 관리 학교
- 3D 프린터 음식 요리사 연구소
- 사생활 보호 아카데미
- 노인 생활 관리 학교

　창의적인 브레인스토밍을 통해 100가지가 넘는 마이크로 대학을 떠올릴 수 있을 것이다. 그리고 머지않아 그 수는 1000가지가 넘게 될 것이다!

Epiphany
Z

'공학 전공' 시나리오

IBM에서 기술자로 일했던 나는 대학 시절 들었던 수업과 회사에서 수행하는 업무의 관련성에 대해 자주 생각한다. 나는 컴퓨터가 등장하기 전에 대학을 다녔기 때문에 컴퓨터가 등장한 이후 필요한 거의 대부분의 기술을 주로 독학으로 배웠다. 수학, 삼각함수, 기하학 등을 꽤 사용하기는 했지만 미적분이나 미분 방정식 같은 수준 높은 과목에서 배운 것을 적용한 적은 한 번도 없었다.

컴퓨터와 계산기 덕분에 자, 각도기, 내경 측정기, 제도판이 쓸모없어지자 내가 대학 때 들었던 대부분의 수업은 구식이 되었다. 카드 천공기를 사용한 **포트란**(FORTRAN, 1954년 IBM 704에서 과학적인 계산을 하기 위해 시작된 컴퓨터 프로그램 언어—옮긴이) 수업은 마지막 카드를 뚫기도 전에 이미 무용지물이 되었다. 장기적으로 도움이 된 가장 가치 있는 수업은 아마 쓰기, 영어, 연설, 예술, 디자인을 비롯해 스스로 답을 찾고 이를 바탕으로 최종 보고서를 작성했던 특별 조사 수업일 것이다. 예술 수업 덕분에 나는 공학이 창의적인 표현이라는 사실을 배웠다. 내가 들은 수업이 모두 대단한 가치를 지닌 것은 아니었다. 하지만 일부 수업은 확실히 다른 수업보다 훨씬 더 훌륭했다. 결국 모든 것은 '이 수업이 내가 지불한 돈만큼의 가치가 있을까?', '다른 곳에서 더 가치 있는 수업을 들을 수 있지 않을까?'를 고민하는 기회비용의 문제이다.

우선 특정 직업에서 요구되는 최소한의 기술을 익히기 위해 어떠한 훈련이 필요할지 생각해 보자. 특정한 분야, 예를 들어 공학 분야에서 일하기 위해서는 어떠한 핵심 과정이 필요할까? 전기 기술자는 석유 기술자와 상당히 다르며 기계 공학자 역시 마찬가지다. 따라서 핵심 기술의 수와 유형은 상당히 다양할 것이다. 하지만 무조건 4년짜리 과정을 만들기보다는 커리큘럼의 군더더기를 제거하여 효율적이고 숙련된 기술자를 양성할 수 있는 방법을 찾아야 한다.

집중적이고 몰입적인 교육을 시행할 경우 2년 내에 현장에서 일할 만한 능력을 갖춘 기술자를 양성할 수 있을까? 학계와 현장 간의 매끄러운 연결을 보장하는 업종별 견습 프로그램은 어떠한 모습일까?

Epiphany
Z

변화의 바람

수백 년 전에 수립된 대학 제도는 오늘날의 관점에서는 원시적으로 보일 수밖에 없다. 거의 모든 학부 과정은 수업을 얼마큼 이수했는지를 중요하게 여긴다. 재능을 측정하는 것과는 크게 관련 없는 요소다.

오늘날의 대학은 수업료가 비쌀 뿐 아니라 지나치게 긴 시간을 요구한다. 다른 산업과 마찬가지로 대학은 최소의 노력으로 최대의 효과를 내야 할 임무가 있다. 하지만 오늘날의 대학 중 '최소'가 무슨 의미인지 확실히 이해하고 있는 경우는 극히 드물다. MOOC(온라인 공개 수업—옮긴이)는 새로운 양식의 수업을 제공해 배포하고 있지만 소수의 사례에 불과하다.

마이크로 대학은 기술과 산업의 현장에 즉시 투입될 수 있는 역량을 제공하기 때문에 기존 대학보다 더 많은 신(新)산업을 탄생시킬 것이다.

다빈치 코더가 2012년 2사분기에 수립된 이후로 250개가 넘는 다른 코더 학교가 미국을 비롯해 캐나다, 유럽 등지에 생겨났다. 성공적인 마이크로 대학이 탄생하면 다른 대학들이 그 뒤를 따르며 비즈니스 모델을 개선한다. 기존 대학은 학생 수가 감소하면서 신생 마이크로 대학과 제휴를 맺거나 합병하거나 이를 매입하기 시작할 것이다. 또한 마이크로 대학의 새로운 학습 방식을 기존 대학의 수업 과정에 적용하기 시작할 것이다.

마이크로 대학은 기존 대학의 특징인 학점 인증, 신분의 상징, 학자금 대출 등을 그대로 지니게 되면서 빠른 속도로 대학 생활의 일부가 될 것이다. 많은 대학이 마이크로 대학을 활용할 경우 다른 학교와 차별화할 수 있다는 사실을 깨닫게 될 것이다. 마이크로 대학의 핵심 프로그램은 '학교 내 학교'라는 방법을 통해 자격을 인정해주는 추가적인 메커니즘이 될 것이다.

여러분의 미래에는 마이크로 대학이 있는가?

뜻밖의 생각에 대비하기: 대학의 미래

아직 눈치채지 못했을지 모르지만 머지않아 학계에서는 거대한 싸움이 발생할 것이다. 차세대와 기존 세대 간의 싸움만이 아니다. 인류의 미래가 걸려있는 중대한 싸움이다. 이제부터는 차세대가 인간의 뇌를 발전시키는 방식을 결정할 것이다. 그 어느 때보다도 위험한 싸움이다. 후손의 미래가 우리에게 달려 있다.

그동안은 인재가 부족했다. 우리는 암을 치료하지도, 자연재해를 예방하지도, 부패를 척결하지도 못했다. 심지어 우리 앞에 놓인 문제는 훨씬 더 심각하다. 미래를 계획할 때에는 우리보다 훨씬 더 나은 인재를 배출하기 위해 노력해야 한다. 그리고 이를 위해서는 혁신적인 제도를 새롭게 개발해야 한다.

과거의 교육 기관이 자취를 감추는 것이 안타깝게 여겨질 수 있다. 하지만 이들이 우리의 발전을 저해하고 있다는 사실은 인정해야 한다. 우리는 상대적으로 낮은 잠재력과 경미한 성과, 작은 승리에 매여 있으며, 주위의 복잡하고 자질구레한 대상 때문에 정말로 중요한 것을 놓치고 있다.

과거 지향적인 사회 속에서는 과거의 영웅을 모방하며 그들의 업적을 최고로 생각한다. 하지만 미래의 지도자는 이보다 천 배는 더 훌륭할 것이다. 과거에 집착하는 우리의 태도는 미래의 진보적인 업적 속에서 사라질 것이다.

우리는 인류 역사상 가장 중요한 기회, 더 나은 인류를 창출할 기회를 맞이할 준비를 해야 한다.

10배 빠른 학습 시나리오

다음의 시나리오를 생각해 보자. 2020년에는 학습 속도를 10배 높이기 위한 시스템이 개발된다. 이 학습 시스템으로 하루 1시간 공부할 경우 누구라도 1년 내에 학사 학위에 해당되는 지식을 습득할 수 있다.

열 살부터 하루에 한 시간씩 공부할 경우 80세가 되면 44개의 학사 학위에 해당하는 지식을 습득하게 될 것이다. 미국 공립대학의 평균 등록금은 102,352 달러. 44개의 학위를 들을 경우 450만 달러가 넘게 든다. 하지만 이 시나리오에서 학습 비용은 시간당 10달러(혹은 1년에 3,650달러)에 불과하다. 평생 동안 공부를 해도 255,500달러면 충분하다.

이러한 속도로 학습할 경우 우리는 3학점짜리 수업을 매년 81개 이수하거나 평생 동안 5,677개 이수하게 될 것이다.

MIT는 약 2천 개의 수업을 제공한다. 이 시나리오에 따르면, 우리는 MIT가 현재 제공하는 수업의 3배에 해당하는 양의 수업을 듣게 되는 것이다.

이 시나리오가 지나치게 비현실적이라 생각하는가? 그렇다면 이 세상의 거의 모든 산업이 최소의 노력으로 최대의 효과를 내도록 강요당하고 있다는 사실을 생각해 보아라. 컴퓨터 속도, 농업생산성, 강철 생산량은 몇 년마다 10

배씩 향상되고 있다. 교육에서는 이 같은 효율성을 달성하기 힘들다고 생각하는가? 그렇다면 새로운 시스템을 개발하면 된다. 한계가 없는 시스템이다.

교육의 부 재분배

온라인 교육 과정을 창설하고 배급하는 것은 쉬운 일이 아니다. 이러한 절차를 수립하려면 천재적인 재능이 필요하다는 사실을 인정하고 이를 가능하게 만든 사람에게 대가를 지불해야 한다.

몇년 전, 나는 '유기적 거래(fractal transactions)'라는 개념에 대해 기사를 썼다. 금융 거래가 자동적으로 세분화되어 특정 제품이나 서비스를 만드는 데 기여한 수많은 사람에게 자동으로 배분되는 방법이다. 이러한 거래 방법은 모든 자금을 한 사람이나 기업에게 전달하면 그들이 다시 다른 사람들에게 돈을 지불하는 불필요한 절차가 사라진다는 장점이 있다.

교육 프로그램 비용을 지불하는 데 이 방법을 사용할 경우 구매가 이루어질 때마다 수익은 프로그램 창출자, 배급 회사, 온라인 프로그램 설계자, 공식적인 기록 보관소 등에 자동으로 배분될 것이다. 프로그램의 비용은 교육에 관심 있는 사람이라면 누구든 들을 수 있도록 저렴해야 한다.

과목 하나당 10달러라고 책정할 경우 자금은 다음과 같이 자동으로 배분될 것이다.

40퍼센트-프로그램 창립자(4달러)

25퍼센트-홍보 및 배급 회사(2.5달러)

10퍼센트-온라인 프로그램 설계자(1달러)

5퍼센트-공식적인 기록 보관소(0.5달러)

3퍼센트-스마트 프로파일러(0.3달러)

3퍼센트-다차원 태그 엔진(0.3달러)

3퍼센트-추천 엔진(0.3달러)

3퍼센트-학습 방법론(0.3달러)

5퍼센트-금융 거래 비용(0.5달러)

3퍼센트-미래의 기여자(0.3달러)

주의: 한 시간에 10달러가 비싸다고 생각한다면 이 빠른 학습 과정은 오늘날의 10시간짜리 수업과 가치가 동일하다는 점을 잊지 마라.

코세라, EDx, 유다시티 같은 현 교육 회사는 업계를 주도한다. 그들이 이 시스템을 실행하기로 결정할 경우 이것이 업계 전체의 표준이 되는 것은 시간 문제다. 물론 나는 상황을 지나치게 단순화시켰으며 수많은 기여자가 지닌 가치를 간과했다. 하지만 이는 이해를 돕기 위해 의도적으로 그렇게 한 것이다. 이 같은 시스템이 도입될 경우 작은 힘일지라도 업계 전체가 발전하는 데 기여할 것이다.

속성 교육 프로그램 개발

나는 현존하는 대학의 50퍼센트는 2030년쯤 도산할 거라고 본다. 이로 인한 여파가 달갑지만은 않을 것이다. 하지만 이는 불가피한 운명이다. 그 중 일부는 급진적인 변화 속에서 살아남을 방법을 찾을 것이다. 어찌됐든 미래에 대비하기 위해서는 미래에 발생할 변화를 파악해야 한다.

오늘날 대학은 수업을 제공하는 것 외에 훨씬 더 많은 소명이 있다. 살아남은 대학에서는 교수들이 여전히 강의를 하겠지만 이들은 동일한 강의를 계속해서 반복하는 데 시간을 낭비하기에는 지나치게 값비싼 자산이다.

이들이 지닌 기술 중 충분히 활용되고 있지 않은 가치 있는 기술 중 하나는 바로 새로운 교육 프로그램을 만드는 능력이다.

방송사가 '가을 신작'을 선보이는 것과 마찬가지로 차세대 대학은 새로운 교육 프로그램을 정기적으로 내놓을 것이다.

이제부터 교육 프로그램 개발자가 일하게 될 방식을 보여주는 6가지 시나리오를 소개하겠다.

시나리오 1: 속성 교육 프로그램 개발자 패키지가 구축되면서 대학은 자체 교육 과정을 수립하고 이를 판매할 때마다 수익을 거둘 것이다. 각 과정은 60

분짜리 표준 구성 방식을 바탕으로 하며 다양한 매체를 사용할 것이다. 여러 단체가 이를 인정하는 태그를 달 수 있으며 학생들은 이를 평가하는 한편, 개별적인 전용 학습 엔진으로 활용할 수 있다.

시나리오 2: 빠르게 진화하는 시스템을 평가하기 위해 프로그램 평가 시스템이 개발될 것이다. 견제와 균형을 바탕으로 하는 평가 시스템에 따라, 자체 권한을 지닌 개별 그룹이나 특정 집단, 평가 서비스가 해당 프로그램을 인정하거나 인정하지 않는 태그를 달 수 있다. 이 태그는 스마트 학생 프로파일러와 프로그램 추천 엔진이 사용하는 검색 기준의 주요한 특징이 될 것이다. 예를 들어, IEEE나 특정 대학, 교회, 정치집단 같은 단체가 인정하는 수업만을 듣고 싶을 경우 해당 태그를 살펴보면 된다.

시나리오 3: 연구에 집중하는 대학은 해당 연구를 중심으로 새로운 과정을 개설하는 등 연구 프로젝트를 적극 활용하게 될 것이다. 연구 프로젝트는 새로운 과정을 통해 수입을 창출해줄 뿐 아니라 새로운 학생을 끌어들일 수도 있다. 교육 프로그램은 기술을 전파하는 데에도 도움이 될 것이다. 교육 프로그램은 사람들이 새로운 기술을 배울 수 있을 뿐 아니라 관련된 기회를 제공받을 수 있는 광범위한 수단이 될 것이다. 효과적이고 새로운 과정을 통해 해당 연구가 널리 알려지면 정부나 기업으로부터 보조금도 쉽게 받을 수 있게 될 것이다.

시나리오 4: 대학은 연구 프로젝트를 적극적으로 찾아 다가올 미래에 대해 더 많은 정보를 제공할 것이다. 현재는 자연 재해가 발생할 때마다 보도진이 1차로 정보를 제공한다. 미래에는 대학 연구팀이 2차로 정보를 제공할 것이다. 기근, 허리케인, 비행기 사고, 해일이 발생할 때마다 대학 연구팀이 출동해 상황을 각기 다른 국면에서 살펴볼 것이다. 다양한 연구팀은 새로운 프로젝트를 위해 지구를 샅샅이 뒤질 것이다. 그 중 일부는 해일을 파도의 모양을 통해 전조를 살피는 등 물리학적 관점에서 바라볼 것이며, 다른 누군가는 해일이 가져오는 경제적 파급, 정치적 혼란, 사회적 변화를 연구할 것이고, 그것이 지역사회의 관습, 언어, 영향력 등에 세대를 거쳐 오랫동안 미칠 영향을 연구할 것이다.

시나리오 5: 대학은 학생과의 장기적인 관계를 우선시하게 될 것이다. 그대로 유지되는 핵심 과정도 있겠지만 이를 제외한 모든 수업은 2주 학습 캠프 같은 단기적인 교내 경험을 중심으로 진행될 것이다. 또한 상당수의 학습이 온라인에서 이루어질 것이다. 학교를 직접 방문하는 학생의 수가 현저하게 줄어들면서 성공적인 대학은 학생들에게 더 많은 연구와 경험적인 학습 요소를 제공하기 시작할 것이다.

시나리오 6: 대학은 더 높은 단계를 실험하기 시작할 것이다. 학습이 평생 동안 이루어진다는 사실을 감안해 학위와 수료증은 최상위 수준의 학습에만 주어질 것이다. 석사와 박사 학위는 이러한 새로운 평가 척도에서 낮은 단계에 속할 것이다. 학습이 용이해지고 평생에 걸쳐 이루어지면서 대학은 개인이 스스로를 차별화할 수 있는 새로운 방법을 제공할 것이다. 개인 맞춤형 수료증이 개발될 것이며, 이 최상위 수료증은 계속해서 학습하게 만드는 원동력이자 대학의 수입원이 될 것이다.

이상으로 살펴본 6가지 시나리오를 통해 우리는 앞으로 어떠한 일이 가능할지 새로운 관점에서 생각해 볼 수 있다. 미래의 가장 큰 웹 자산은 교육이라는 산업이 차지할 것이다.

교육에 드는 비용이 현격히 줄어들면서 사람들은 훨씬 더 많은 교육을 '소비'하기 시작할 것이다. 전 세계 사람들이 동일한 일을 하기 위해 경쟁하는 치열한 근무 환경에서 사람들은 일상적으로 새로운 자격증을 취득할 것이다.

미국에는 자격증을 수여하는 단체가 총 4,495개나 된다. 이들은 매년 2천만 명이 넘는 학생이 지불하는 수업료를 나눠가진다. 이는 손쉬운 돈벌이를 바탕으로 하는 시스템으로, 나날이 성장하는 이 시스템이 지닌 관성은 어마어마하다. 하지만 이제 고등 교육의 양상이 바뀌고 있으며 근본적인 교육 방법이 변하고 있다. 이러한 변화가 발생하는 이유가 재정적인 상황 때문만은 아니다. 학생의 태도와 기대, 요구가 크게 바뀐 것이 더 큰 요인이다.

신입생의 합격률이 8퍼센트 미만인 아이비리그 대학은 이러한 변화를 쉽게 무시할 수 있을 것이다. 하지만 기타 수많은 대학은 방심할 수 없다. 미래의 학생은 높은 소명을 달성하기 위한 준비를 해야 한다. 이 높은 소명은 위기가 발생하기 전에 미리 방지하는 것이다. 재앙이 발생하기 전, 이를 예측하고 자신의 무지와 결점을 비롯해 인류가 처한 거대한 문제를 해결하는 것이다.

한치 앞만 비추는 손전등에 의지한 채 어두운 숲을 걷는 사람처럼 우리가 내딛는 걸음은 어두웠던 영역에 불을 비춤으로써 새로운 관점을 제공한다. 미래의 학생은 우리의 거대한 손전등이 될 것이다. 평범했던 지난 과거는 잊어라.

'우리는 그동안 계속해서 반복되는 주기나 시스템, 패턴에 집착했다. 미래에는 이 모든 패턴이 깨어지게 되어 있으며 모든 주기는 바뀌게 되어 있다는 사실을 알게 될 것이다.'

대학은 앞으로 등장할 최첨단 기술로 무장해야 한다. 과거를 파악하기 위해 뒤를 돌아볼 때도 있을 것이다. 하지만 앞으로는 미래의 재앙을 미연에 방지할 줄 아는 새로운 식견가가 가장 존중받는 직업이 될 것이다.

미래의 대학은 견제와 균형의 시스템이 될 것이다.

미래의 대학이 지닌 위대한 임무는 다음과 같다.

미지의 세상과 뜻밖의 생각에 대비하며
거대한 문제를 해결할 각오를 하는 것

Epiphany Z

Z 통찰 - 수단 최적화하기

Epiphany
Z

인간은 도구를 다루는 데 능숙하다. 우리는 도구를 사용해 오늘날 우리가 살고 있는 세상을 구축했다. 미래의 세상을 건설하는 데에는 더 많은 도구가 사용될 것이다.

그 외에 우리는 도구를 이용해 더 나은 도구를 만들기도 한다.

도구 자체가 더 나은 도구를 만들 수 있다면 무슨 일이 발생할까? 더 나은 도구가 우리의 직업을 앗아간다면 우리에게는 무슨 일이 벌어질까?

안녕, 나는 로봇이야. 네 일자리를 빼앗으러 왔어.

1989년 GE의 잭 웰치 회장은 인도의 방갈로르를 방문했다. 라지브 간디 총리를 포함한 인도 사절단과의 조찬 모임에 참석하기 위해서였다. 이 여행의 목적은 비행기 엔진과 의료 장비를 인도에 팔기 위한 것이었으나 회의는 뜻밖의 전개를 보였다.

라지브 간디 총리는 GE가 팔기로 한 제품을 구매하는 대신, 인도로부터 소프트웨어를 구입하지 않겠냐고 제안했다. 인도의 저렴한 노동력에 깜짝 놀란 잭 웰치 회장은 사업의 일부를 인도에 외탁하기로 결정했다. 이렇게 해서 방갈로르에 첫 번째 콜 센터가 생기게 되었다. 이 짧은 회의는 인도와 미국의 경제를 크게 변화시킨 외주 혁명으로 이어졌다.

산업은 또 한 번 변화의 시기에 직면해 있다. 하지만 이번에는 다른 국가의 저렴한 노동력이 자국 노동자를 대체하는 것이 아니라 기계가 이들을 대체하고 있다.

SF 소설가 덕분에 우리는 인간의 재능과 기술을 지닌 휴머노이드 로봇이 우리와 함께 살게 될 거라 믿게 되었다. 하지만 이들은 순종적인 아내가 아니다. 우리 문 앞에 나타나 그들이 우리의 일자리를 앗아갈 거라고 친절하게 말해주지 않는다. 우리의 일을 뺏어가는 이 주범들은 훨씬 더 미묘하다. 기계와 사람 간의 관계를 확실히 수립하지 않은 상태에서 자동화로 위장한 채 등장한다.

노동력을 대체하는 이러한 위협적인 변화 속에는 훨씬 더 복잡한 사회 질서의 변화가 놓여 있다. 그저 맹목적으로 높은 수익만을 쫓는 경영인의 모습 속에 인류 최대의 기회가 숨어있을 수 있다.

대체에 대한 잘못된 믿음

많은 사람이 기계가 인간을 대체할 거라고 믿는다. 하지만 이는 잘못된 믿음이다. 실제로 인간 없이 작동하는 기계는 없다. 보다 적절한 설명을 하자면 기계를 사용하는 소수의 사람이 다른 많은 사람을 대체하는 것이다.

자동화된 기계와 로봇을 비롯한 기타 장치는 인간의 효율성을 높이기 위해 고안되었지만 인간을 100퍼센트 대체하지는 못한다.

예를 들어, 무인 자동차의 경우 운전사는 필요 없겠지만 유지·보수와 수리를 위한 훌륭한 기술자, 관리자, 고장 난 자동차를 처리하는 물류 담당자, 고객 서비스 담당자는 여전히 필요할 것이다.

무인 비행기 역시 지상 직원, 공항장, 정비 요원 등이 필요할 것이다.

교사가 없는 학교 역시 교육 프로그램 설계자, 현장 코치, 소프트웨어 팀이 필요할 것이다.

직원이 없는 기업조차도 사업을 지휘할 소유주와 지원부서는 필요할 것이다.

기계가 인간을 대체하는 비율이 1000대 1에 달할 것처럼 보이지만 대부분의 경우 이보다 훨씬 낮다. 게다가 초효율적인 사회는 과거에 비해 훨씬 더 많은 것을 달성할 수 있는 역량이 있다.

초효율적인 인간의 시대에 진입하다

오늘날의 노동자는 기계 같은 자동화 도구를 사용할 수 있는 훨씬 더 효율적인 노동자로 대체되고 있다. 그렇다고 해서 모든 일을 처리할 수 있는 마법과도 같은 기계로 무장한 사람이 등장한다는 얘기는 아니다. 미래에는 컴퓨터와 소프트웨어, 커뮤니케이션 네트워크, 자동화 장치, 모바일 앱, 인터넷이 하나로 합쳐질 것이다. 이 모든 것을 결합시킨 로봇이 탄생할지도 모른다. 과거의 저숙련 노동자는 수많은 소프트웨어와 장치를 작동할 수 있는 인력으로 대체되고 있다. 새로운 기계와 시스템, 기술을 조합할 수 있는 기술적인 감각을 타고난 이들이다.

결국 미래에는 현재의 업무를 수행하는 데 훨씬 더 적은 노동자가 필요할 것이며 오늘날의 노동자가 새로운 산업에서 일하기 위해서는 새로운 기술을 익혀야 할 것이다.

미래의 임무

우리가 아무리 많은 해결책을 내 놓아도 항상 그보다 많은 문제가 발생하기 마련이다. 사실상 거의 모든 해결책은 또 다른 문제를 낳기 때문에 문제 해결 자체만으로도 막대한 기회가 발생한다.

미래에는 많은 사람이 현재 인류가 당면한 문제를 해결할 뿐 아니라 다음과 같은 높은 소명을 추구할 것이다.

1. 치유법

의학계는 병을 치료하는 것에서 한발 더 나아가 장기적인 치유에 초점을 맞춰야 한다. 암, 에이즈, 다발성 경화증 간질, 심장병, 뇌졸중, 당뇨병, 알츠하이머, 치매 등이 여기에 포함된다. 일부는 노화를 아예 없애는 방법에 집중할 것이다. 이는 머지않아 실현될 가능성이 높다.

2. 자연 재해

우리는 어떻게 해서든 자연 재해에 의한 피해를 줄여야 한다. 산불, 허리케인, 지진, 눈사태, 토네이도, 해일, 홍수를 막기 위한 노력이 여기에 포함된다.

3. 일탈적인 행동 수정

충격적인 사건을 겪은 뒤 인격이 사회의 규범에서 크게 벗어나게 된 사람들이 있다. 어떤 이들은 뇌의 손상으로 일탈적인 행동을 저지르기도 한다. 누군가의 관심과 도움이 필요한 문제다.

4. 타 행성 개척

많은 이들이 인류 전체가 하나의 행성에 거주할 경우 인류는 살아남을 수 없다고 믿는다. 다른 행성을 탐사하는 것은 인류의 영원한 숙제로, 초효율적인 사회는 이 꿈을 실현시켜줄 것이다.

5. 극빈 척결

오늘날에도 여전히 많은 사람이 극심한 빈곤 속에 살고 있다. 초효율적인 세상에서는 재능 있는 소수만이 아니라 모두가 일자리를 얻게 될 것이다.

6. 발견과 탐사

과학의 발전에도 불구하고 우리는 여전히 지구 내부의 물질과 중력에 대해 완벽하게 알지 못한다. 지금도 계속해서 새로운 종의 물고기와 동물, 곤충, 새가 발견되고 있다. 우리가 지금까지 발견하고 탐사한 대상은 극히 일부에 불과하다.

7. '최초' 달성

달에 발을 디딘 두 번째 인물이나 비행기를 발명한 두 번째 인물, 1킬로미터를 2분 30초 만에 달린 두 번째 인물에 대해 아는 사람은 드물다. 우리는 무언가를 처음으로 수행한 사람에게만 관심을 기울일 뿐이다. 아직도 '최초'로 달성해야 하는 분야가 많이 있다.

8. 인간의 능력과 역량 증대

우리는 역량이 허락하는 범위 내에서만 무언가를 알 수 있을 뿐이다. 머나먼 우주, 아원자 입자, 다른 차원에 대해서는 아는 바가 거의 없다. 인간의 능력과 역량을 확장시킬 경우 존재하는지조차 몰랐던 세상으로 향하는 문이 열릴 것이다.

2030년에 멸종할 101개의 직종

기업가는 앞으로 사람을 고용할지, 기계를 고용할지 고민하고 있다. 기계는 어두운 곳에서도 일을 할 수 있으며 연휴를 즐기거나 아파서, 혹은 지나친 야근이나 만성적인 스트레스, 우울증으로 휴가를 낼 일이 없다.

아직까지 '기술적 실업(기술이 진보하면서 노동 대신 기계를 사용함으로써 발생하는 실업-옮긴이)'이라는 용어를 들어보지 못했다면 마음의 준비를 하는 편이 좋을 것이다. 앞으로는 이 용어를 자주 듣게 될 것이다. 기술은 빠른 속도로 업무의 자동화를 꾀하고 있다. 이는 시작에 불과하다.

미래에 특정 직업이 사라질 거라고 말하면 의미 있는 일을 찾기 위해 노력하는 수많은 사람들은 불안해할 것이다. 미래에는 온갖 변화가 발생하겠지만 이것이 전부 안 좋은 변화만은 아니다.

미래에 필요한 3가지 기술(적응력, 유연성, 지략)을 갖춘 사람이라면 생각보다 훨씬 더 많은 기회를 누리게 될 것이다. 다양한 도구 덕분에 우리의 역량이 기하급수적으로 증가하게 되면서 우리는 큰 변화를 겪게 될 것이다.

일부 직업은 사라지겠지만 이를 대체할 다른 직업이 수천 개 등장할 것이다. 우리는 상당히 흥미로운 시대에 살고 있다. 자신의 운명을 통제할 수 있는 사람은 고무적이고 주체적인 삶을 살게 될 것이다.

변화의 원인: 무인 자동차

2004년, 미국방위고등연구계획국(DARPA)이 처음으로 무인 자동차 경주 대회를 개최했을 때 무인 자동차는 먼 미래를 다룬 어설픈 SF 소설에서나 나오는 이야기처럼 느껴졌다. 첫 대회의 결과가 이를 여실히 반영했다. 참가차량 중 출발점을 통과한 차량이 몇 안 되었던 것이다.

하지만 이제 상황이 많이 바뀌었다.

2030년이 되면 운전자가 필요 없는 완전 자율 주행차가 흔해지면서 운전자에 대한 수요가 급감할 것이며 대도시에서는 무인 자동차를 택시처럼 손쉽게 이용할 수 있게 될 것이다.

멸종 직업
운전
1. 택시 운전사
2. 리무진 운전사
3. 버스 운전사
4. 렌트카 직원

배달

5. 트럭 운전사

6. 우편 배달원

공공 안전

7. 교통경찰

8. 주차 위반 단속 요원

9. 교통 위반 즉결 재판소 판사

10. 교통 위반 즉결 재판소 변호사

11. 교통 위반 즉결 재판소 지방검사

12. 교통 위반 즉결 재판소 보조원

13. 주차장 관리자

14. 대리 주차 요원

15. 세차장 직원

변화의 원인: 비행 드론

우리는 다양한 종류와 모양, 크기로 비행 드론을 만들 수 있다. 저공비행이나 고공비행을 하도록 제작할 수 있으며 크거나 작게 만들 수도 있다. 또한 조용하거나 시끄럽게 제작할 수도 있으며 눈에 쉽게 띄거나 완전히 보이지 않게 만들 수도 있다. 드론은 우리에게 최고의 친구가 될 수도 있고 최악의 적이 될 수도 있다. 드론을 제대로 사용하지 않을 경우 위험해질 수 있다. 음식과 물을 배송하는 드론이 폭탄과 독약을 배달할 수도 있기 때문이다. 드론을 감시하는 사람을 지켜보는 드론이 있을 수 있다. 드론이 등장하며 멸종할 직업은 다음과 같다.

멸종 직업
배달

16. 택배 서비스

17. 음식점 배달

18. 식료품 배달

19. 우편 배달

농업

20. 농작물 관리자/상담사

21. 분무 서비스 제공자

22. 양치기

23. 카우보이/목동

24. 야생동물 근절 업자

측량

25. 땅 및 논 측량자

26. 환경 기술자

27. 지질학자

28. 긴급 구조자

긴급 대응

29. 수색 구조팀

30. 소방관

뉴스 서비스

31. 모바일 뉴스 트럭

32. 건설 현장 감시관

33. 건물 조사관

34. 보안 요원

35. 가석방 담당자

변화의 원인: 3D 프린터

3D 프린팅은 디지털 모형을 이용해 3차원적인 부품과 사물을 제작하는 과정이다. 3D 프린팅은 '첨삭 과정'을 이용해 제품을 만든다. 레이어를 계속해서 추가해 제품을 완성하는 것이다. 과거에는 '감극 과정'을 이용해 물건을 제조했다. 금속, 목재를 비롯한 기타 재료를 드릴, 레이저 커터 등의 기계로 다듬어 최종 제품을 완성한 것이다. 이 과정에는 기계를 운영하고 자재를 다루는 숙련된 노동자가 필요했다.

3D 프린팅을 이용할 경우 숙련된 노동자뿐 아니라 비싼 기계의 필요성도 줄어든다. 해외 공장에서 가장 저렴한 노동력을 이용할 때보다도 낮은 가격에 국내에서 부품을 생산할 수 있다.

이 기술은 보석, 신발, 산업 디자인, 건축, 기술 및 건설, 자동차, 항공 우주, 치과 및 의학, 교육, 지질학 정보 시스템, 토목 등 이미 많은 분야에서 사용되고 있다.

멸종 직업

제조

변화의 원인: 등고선 건축술

등고선 건축술이란 3D 프린팅의 한 형태로 로봇 팔과 노즐을 통해 콘크리트나 기타 물질을 여러 층 쏘아 집 같은 거대한 물체를 만드는 기술이다. 저렴한 비용으로 맞춤형 건물을 만드는 건축술로 시간이 적게 소요될 뿐 아니라 에너지와 오염물질 배출량 또한 적다. 이러한 기술은 온갖 구조물과 건물, 집 수리 관련 직종에 큰 영향을 미칠 것이다.

멸종 직업

주택 건축

41. 목수

42. 콘크리트 작업자

43. 리모델링 업자

44. 도시 설계가

45. 주택소유자 보험 중개원

46. 부동산 중개업자

변화의 원인: 빅 데이터와 인공지능

빅 데이터와 인공지능 간의 경계가 희미해지고 있다. 인공지능이 지닌 위험 중 하나는 금융 시장에서 인간을 능가할 수 있다는 사실이다. 엘론 머스크는 인공지능이 '악마를 소환'할 수 있다고 말하기도 했는데, 미국 유명 대학의 교수들 역시 그의 생각에 동의한다. 이 같은 공포감이 증가하는 가운데 인공지능은 스마트 장치에서부터 자동 의견 결정 장치, 인공 물질 설계에 이르기까지 다양한 방법으로 우리의 삶에 침투할 것이다.

멸종 직업

집필

47. 뉴스 리포터

48. 스포츠 리포터

49. 월스트리트 리포터

50. 기자

51. 작가

군사

의학

금융 서비스

법률 서비스

기타

변화의 원인: 대량 에너지 저장

어떠한 형태로든 대량 에너지를 저장할 수 있게 되면 시장에서 재생 에너지의 역할이 커질 것이다. 활용 가능한 수준으로 에너지 저장을 상용화하는 기업은 큰 수익을 거둘 것이며 전 세계 에너지 생산과 배급 시스템에 향후 수십 년간 획기적인 변화를 가져올 것이다. 아직은 미래의 이야기이지만 관련 분야에서 기술적으로 큰 진보가 이루어지고 있다. 우리는 머지않아 대규모 에너지 저장장치를 주위에서 쉽게 보게 될 것이다.

대형 에너지 저장 방법으로는 플라이휠, 압축 공기 에너지 저장, 수소 저장, 열에너지 저장, 가스 전환 등이 있으며, 상업 용도별 소형 저장 방법으로는 플라이휠, 축전기, 초 축전기가 있다. 5년에서 10년 후 대량 에너지 저장 산업은 오늘날의 태양 에너지와 풍력 에너지처럼 급속도로 성장하는 산업이 될 것이다. 생산되지만 사용되지 않는 전기는 자연 자원의 낭비이자 돈의 낭비다. 에너지 저장 기술은 이 모든 것을 바꿔줄 것이다.

멸종 직업

변화의 원인: 로봇

지난 수십 년 동안 로봇은 공장 노동자의 일자리를 앗아갔다. 앞으로도 빠르게 발전하는 소프트웨어 덕분에 거의 모든 직종이 자동화되면서 수많은 일자리가 사라질 것이다.

자동화 가능한 모든 것은 자동화될 것이다.

일상적인 병을 진단하는 데 로봇 '응급 진료소'가 활용될 것이며 수술이나 기타 시술에도 기계가 사용될 것이다. 인간이 직접 해야 하는 일이 아닐 경우 전부 자동화될 것이다. 향후 수십 년 동안 로봇은 거의 모든 사람의 삶에 훨씬 더 깊이 침투할 것이다.

멸종 직업

소매

86. 소매 직원

87. 계산대 직원

88. 재고 담당자

89. 재고 관리자

90. 사인 스피너

의학

91. 외과 전문의

92. 가정 간병인

93. 약사

94. 수의사

관리

95. 페인트공

96. 경비원

97. 조경사

98. 수영장 청소원

99. 정비인

100. 구제업자

101. 벌목꾼

문제는 기술 때문에 직업이 완전히 사라지느냐, 완전히 새로운 직업이 생기느냐. 위에 나열한 직업이 하나씩 사라질 때마다 이와 관련된 순 일자리는 증가할 수 있다.

예를 들어, 변호사는 현재보다 10배나 많은 사건을 다루는 초효율적인 변호사가 될 수 있다. 리무진 운전사는 한 번에 50대에서 100대의 차량을 관리하는 사람이 될 수 있다. 페인트공은 1시간 내에 집 전체를 페인트칠하는 로봇을 관리하는 사람이 될 수 있다.

집을 칠하는 데 드는 비용이 10분의 1로 절감될 경우 사람들이 집을 칠하는 횟수가 증가할 것이다. 동일한 사고방식이 세차, 세계 여행, 디자이너 의류 구매에도 적용이 된다.

　미래에는 대형 업적이 흔해지면서 초대형 업적이 이루어질 것이다. 우리는 이 '초대형 업적'에 관심을 가져야 한다. 이 세상에서 일이 완전히 사라지는 것은 불가능한 일이다. 일은 여전히 존재할 것이다. 하지만 일과 직장이 연관이 있을지는 확신할 수 없다.

기술적 실업의 위험과 새로운 기술 습득

페이스북은 가상현실 기업인 오큘러스 리프트를 20억 달러에 인수한다고 발표했다. 이는 해당 기술을 공식적으로 승인하는 조치였다. 이러한 발표가 있은 후 가상현실 설계자, 개발자, 기술자의 수요가 급증했다.

구글과 페이스북이 태양열 드론 기업인 타이탄과 어센터를 각각 인수한다고 발표했을 때도 마찬가지였다. 태양열을 이용한 드론 기술자, 드론 운전자, 공중권 로비스트, 전 세계 네트워크 계획자, 분석가, 기술자, 군수전문가에 대한 수요가 급증했다.

이처럼 대담한 조치를 취하는 기업들 덕분에 최첨단 산업에 적합한 기술을 갖춘 인재들에 대한 수요가 빠르게 증가하고 있다.

테슬라 모터스가 전자동 건전지 공장을 짓겠다고 발표하고, 인텔이 착용 가능한 기술 제품을 생산하는 베이직 사이언스를 매수하고, 애플이 닥터 드레의 비츠 일렉트로닉스를 인수하고, 구글이 드롭캠, 네스트, 스카이박스를 매수하면서 업계는 대학에서 가르치는 기술과는 완전히 다른 기술에 대한 수요를 예측하고 있다.

이렇게 빠르게 발전하는 분야에서 5~6년 후 업계에서 필요한 기술을 예측하기란 불가능하다. 이는 대부분의 대학에서 새로운 학위 프로그램을 개발하고 첫 졸업자를 배출하는 데 걸리는 시간이다. 반면, 새로운 기술이 변화하는 주기는 보통 3~4개월로 상당히 짧다.

유다시티의 창립자인 세바스찬 스런은 나노 디그리(Nano Degree)라는 방법을 제안했다. 이 단기 프로그램은 채용 기업의 요구에 맞추어 설계되며 이 과정을 수료한 거의 대부분의 사람은 취업을 보장받는다. 기업이 원하는 교육을 제공하는 유다시키의 나노 디그리는 다빈치 연구소에서 운영 중인 마이크로 대학과 상당히 비슷하다.

나노 디그리와 마이크로 대학이 경력을 바꾸는 사람들 사이에서 큰 화제를 낳고 있는 이유는 다음과 같다.

기술적 실업의 위험이 높아지다

싱귤래리티 대학과 X 프라이즈 재단의 창립자인 피터 디아만디스는 이틀간 진행된 정상회담에 나를 초대했다. 실리콘 밸리의 위대한 사상가와 함께 미래의 직업과 기술적 실업을 논하는 자리였다.

피터는 모든 것이 풍부한 세상이 우리 앞에 놓여 있지만 로봇과 자동화로 인한 일자리 상실 때문에 조만간 큰 파장이 일거라고 말했다.

만 명의 사람이 일자리를 잃을 때마다 '반밖에 없는 컵이냐 반이나 찬 컵이냐'라는 난제가 발생한다. 실업이 발생할 경우 사용 가능한 인적 자본은 증가하지만 누가, 언제, 어디에서, 어떻게 이 인력을 활용하느냐는 문제가 남아 있다. 이 인재들을 재통합하는 사회 시스템을 설계하기 위해서는 그들을 효과적으로 활용하면서도 그들에게 도움이 되도록 개인의 관심사와 적성에 맞는 교육을 제공해야 한다.

이 전이 기간에는 실직자의 항의와 파급효과 등 실질적인 위험이 도사리고 있다. 암울한 취업 전망과 전반적인 기회 상실을 자동화 탓으로 돌리는 사람은 어떤 형태로든 기술에 반대할 수 있다. 무인 운송수단은 결국 택시 운전사, 트럭 운전사, 버스 운전사, 심지어 비행기 조종사를 대체하게 될 것이다. 건설

현장 노동자, 기능공, 수위, 회계사, 은행가, 소매상 역시 자동화 때문에 일자리가 사라질 위기에 처할 것이다.

기술에 반대하는 저항의 움직임에 정치적인 사안이 입혀질 경우, 새로운 정책을 요구하는 선동 세력이 로봇으로 가득 찬 미지의 세계를 장악할 수 있으며, 그 결과 우리가 일군 사회적 발전이 도로 아미타불 되면서 이 사회는 역행할 수도 있다.

디지털 봉기가 산불처럼 퍼져나갈 경우 기술의 속도와 역량이 기술에 반대하는 데 사용되는 더 암울한 시나리오가 펼쳐질 수 있다. 개인 한 명이 이 사회에 반(反)기술 빙하기를 가져올 수 있는 것이다.

'우리에게 소식을 전하고 주위 세상에 대한 우리의 인식을
높이는 데 기여한 인터넷이 사람들의 사고방식에 오히려
나쁜 영향을 미쳐 기술에 반대하게 만드는 결과를 낳을 수 있다.'

재훈련의 필요성

앞으로 '일이 사라질' 일은 없다. 하지만 '새로운 일'을 수행하기 위해 필요한 기술은 바뀔 것이며 특정 형태의 재훈련을 받지 않을 경우 기술에 무지한 사람이 일을 구할 수 있는 확률은 현저히 낮아질 것이다.

재훈련 과정을 얼마나 잘 활용하느냐에 따라 성공적인 경력 이전이 이루어질 수도 있고 그러지 못할 수도 있다.

큰 기술을 필요로 하지 않는 경비원이나 운전사, 항만 근로자는 재훈련을 통해 더 기술적인 일을 수행할 수 없을 것이라는 생각은 옳지 않다. 우리는 이러한 사회적인 저항을 비롯해 수많은 편견에서 벗어나야 한다.

개인의 역량을 구축하기 위한 속성 재훈련 프로그램과 견습, 맞춤형 개별지도가 합쳐질 경우 미래의 니즈를 충족시킬 수 있는 근로자를 양성하는 데 필요한 학습 환경을 구축할 수 있을 것이다. 이 노동자들이 오늘날 더 나은 일자리를 얻는 것을 방해했던 STEM(과학, 기술, 공학, 수학) 관련 재능은 인공지능을 통해 자동화될 것이다. 인공지능이 미래 유비쿼터스 장비의 운영시스템이 되면서 이러한 재능을 소유할 필요성이 낮아질 것이다.

인간을 우선으로

경제는 인간을 바탕으로 한다. 경제가 운영되도록 물건을 구매하고 의사 결정을 내리며 무역 거래를 하는 이는 모두 인간이다. 인간이 존재하지 않을 경우 경제도 없다. 따라서 자동화에 대해 다음과 같이 말할 수 있다.

- 공구통을 지닌 사람은 그렇지 않은 사람보다 가치 있다.
- 컴퓨터를 지닌 사람은 그렇지 않은 사람보다 가치 있다.
- 로봇이나 기계를 지닌 사람은 그렇지 않은 사람보다 가치 있다.

자동화 자체를 위해 자동화가 발생하지는 않는다. 도구 역시 도구 자체를 위해 어떠한 일과 노동자를 대체할지 판단하지는 않는다. 도구와 마찬가지로 자동화는 인간에게 이득을 가져다주기 위한 것이다. 자동화로 인해 사라지게 되는 것만을 볼 경우 반쪽짜리 렌즈를 통해 이 세상을 보는 것이다. 미래의 노동자가 정확히 어떠한 역할을 수행할지 확실히 알 수는 없지만 미래의 가장 정교한 기계조차도 이를 소유하고 통제하며 소비할 인간이 필요하며 고장이 날 경우 이를 고칠 수 있는 인간이 필요하다는 사실을 잊지 말아야 한다.

모든 산업은 종형 곡선을 따른다

삶의 모든 것이 그렇듯 산업의 생애주기 역시 시작과 중간, 끝이라는 종형 곡선을 따른다. 모든 산업은 결국 종식되며 다른 무언가가 이를 대체하기 마련이다.

시작점은 대부분 발명이나 발견이다. 알렉산더 그레이엄 벨의 전화기 발명이나 헨리 베세머의 철 대량 생산법 개발이 전형적인 사례다. 그 다음에는 계산기가 자를 대신하는 것처럼 새로운 산업이 옛 산업을 대체하면서 끝이 다가온다. 그 중간에는 제품이나 서비스의 수요가 절정에 달하는 시점이 있다. 그 후로는 수요가 감소하면서 결국 해당 산업은 다른 산업으로 대체된다.

종형 곡선의 하락세에 진입하고 있는 많은 산업들

오늘날 대규모 산업의 상당수가 종형 곡선의 후반기에 진입하고 있다. 신생 기업과 그들이 지닌 신기술이 등장해 기존 산업의 주요 수익 분야를 공격하기 시작하는 것이 바로 해당 산업이 정점에서 벗어나고 있다는 주요 지표다.

보통 제품이나 서비스에 대한 수요가 극에 달하기 수십 년 전, 해당 산업의 고용 역시 절정에 달한다.

Epiphany

Z

피크 스틸

'피크 스틸'을 예로 들어보자. 우리는 철강에 대한 수요가 최고조에 달하는 시점이 2024년이라고 예상했다. 그 때가 되면 복합재료가 확실히 자리 잡으면서 철강에 대한 전반적인 수요가 감소하기 시작할 거라고 예측했다.

하지만 철강 산업의 고용은 1970년대에 절정에 달했다. 1974년에 521,000명에 달했던 근로자수는 철강 생산량이 3배가 된 2000년이 되자 151,000명으로 급감했다.

고용 감소는 해당 산업이 시들해지면서 제품이나 서비스의 전반적인 수요가 감소하는 것을 예고하는 주요 지표다.

12단계 프로그램(중독, 충동 등 문제 행동을 치료하는 과정 -편집자주)처럼
모든 문제의 해결은 우리에게 문제가 있다는 것을
인정하는 데에서 시작된다.
더욱이 다가올 문제는 오늘날의 문제보다 훨씬 심각하다.
실직자에게 필요한 재훈련과 견습, 일자리를 제공하기 위해서는
균형 잡힌 노력이 필요하다.

Epiphany Z

Z 통찰 – 시스템 최적화

Epiphany
Z

우리는 도구를 사용해 시스템을 수립한다. 농사를 짓기 위한 일정 관리 시스템이 되었든, 최첨단 항공 교통 통제 시스템이 되었든, 우리가 구축하는 시스템은 정보의 집합체다.

오늘날 우리가 사용할 수 있는 정보의 양은 어마어마하다. 하지만 미래에 시스템을 구축하는 데 활용할 수 있는 정보의 양에 비하면 극히 일부에 불과하다.

한 번 생성된 정보는 계속해서 유효하다

1986년 7월 14일, 허버트 벤슨은 한밤중에 일어나 부엌으로 가서 땅콩버터 샌드위치를 만들었다. 이는 30년 전에 일어난 사소한 사건처럼 보인다. 이 사건이 발생했었다는 사실을 오늘날 우리가 어떻게 알 수 있을까? 시공적인 기록계라도 있는 것일까?

한밤중에 샌드위치를 만든 것이 그다지 중요한 행위는 아니다. 하지만 벤슨씨가 샌드위치를 만든 뒤에 여자 아이를 죽였거나 다리를 폭발시켰거나 대통령을 저격하는 등 극악무도한 행위를 저질렀다면? 이 경우 이 극단적인 행위를 저지르기 전에 무슨 행동을 했는지가 상당히 중요해진다.

그가 집에 혼자 있었는지, 다른 사람을 위해 샌드위치를 만들고 있었는지, 땅콩버터에 독을 넣었는지, 범죄 현장에 샌드위치 조각이 있었는지 등 세부사항이 중요해지는 것이다. 하지만 우리가 이러한 정보를 얻을 수 있을까?

우리가 공간을 들여다 보는 것은 사실 과거를 돌아보는 것이다. 우리를 향해 초속 299,337킬로미터로 이동하는 과거의 빛을 보는 것이다. 누군가가 달에서 커다란 망원경으로 우리를 볼 경우 1.3초 전에 발생한 일을 보게 된다. 이는 빛이 달에서 지구로 이동하는 데 걸리는 시간이다.

이와 마찬가지로 누군가가 토성에서 거대한 망원경을 통해 우리를 볼 경우 75~85분 전에 발생한 일을 보게 될 것이다. 빛이 지구에서 토성까지 이동하는 데 그만큼이 걸리기 때문이다. 정보는 도처에 존재한다. 하지만 우리는 과연 이 정보를 이용할 수 있으며 유용한 형태로 재구성할 수 있을까?

오늘날의 기술로는 무인 우주 탐사선을 20광년 전으로 보내 20년 전에 무슨 일이 발생했는지 알 수 없다. 하지만 이를 다르게 생각해보자. 미래에 어떻게든 과거의 사건을 들여다볼 수 있게 된다면 우리가 생활하는 방식은 어떻게 달라질까? 미래의 누군가가 우리를 지켜볼 수 있게 될 경우 당신은 다르게 행동할 것인가?

Epiphany

Z

과거 이해하기

일출 뒤에는 일몰이 찾아온다. 밀물이 들어오면 썰물이 나간다. 계절은 여름에서 가을로, 그리고 겨울에서 봄으로 바뀐 뒤 다시 여름이 된다. 나무는 반복적인 양상으로 자라고 구름은 계속해서 형상이 바뀐다. 태초부터 시작된 이러한 반복적인 삶의 모습은 우리 주위의 세상에 생기를 불어넣고 있다.

우리는 시간의 흐름을 생각할 때 이러한 것들을 떠올린다. 하지만 우리는 시간에 관해 아는 것이 거의 없다. 우리는 과학적인 관점에서 시간을 설명할 수 없다.

지구는 끊임없이 정보를 발산한다. 우주에 존재하는 다른 별이나 행성도 마찬가지다. 개인 역시 정보를 발산한다.

우리는 평생 동안 시각, 청각, 후각, 운동감각, 전정신경, 열감각 등 온갖 종류의 정보를 다양한 방향으로 분출한다. 매일, 매초 수천 가지 형태의 정보가 우리를 떠난다고 생각할 때 다음과 같은 답이 없는 질문을 할 수밖에 없다. 이 정보는 도대체 어디로 가는 것일까?

주위의 사물이 이 정보를 흡수하는 것일까? 정보는 한 표면에서 다른 표면으로 튕겨져 결국 벽이나 가구, 식물, 카펫 따위에 묻히는 것일까? 아니면 그저 서서히 잊히는 것일까? 혹은 어딘가에 아직도 저장되어 있을까?

다소 사이비 과학처럼 들리겠지만 나는 우주에 존재하는 온갖 것이 발산하는 정보의 형태는 수천 개, 아니 아마 수백 만 개에 달하기 때문에 최소한 한 가지 형태는 훗날 되찾을 수 있을 거라 확신한다. 미래의 과학자들은 언젠가 우주 전체의 역사를 파악할 수 있는 공식을 발견하게 될 것이다.

한 단계 더 나아가, 역사적인 인물과 사건을 추적할 수 있게 되면서 우리는 현재 상상조차 할 수 없는 방식으로 수많은 기회를 얻게 될 것이다.

역사 잇기

기록보관소, 일기, 신문 등 과거를 재구성하는 기존의 수단에서 벗어나 사진과 비디오 기록 자료를 활용하여 볼 수 있는 형태로 역사를 구현하는 시스템을 구축할 수 있다면?

1826년, 사진이 처음으로 발명되었을 때에는 1년에 1조 개가 넘는 사진을 찍을 수 있을 거라고 아무도 상상하지 못했다. 현재 페이스북에 올라오는 사진은 하루에 3억 5천 개가 넘는다.

페이스북에 등록된 사진이 전체 사진의 10퍼센트밖에 차지하지 않는다고 가정할 때, 우리는 매일 35억 개의 사진을 찍는 것이다. 1년이면 1조 3천억 개다. 대단해 보이지만 이 역시 상당히 낮은 숫자에 불과할 것이다.

사진 잇기 기술의 첫 번째 형태는 저속 촬영 사진이었다. 스냅 사진을 몇 초 간격으로 찍어 특정 대상의 움직이는 듯한 모습을 포착한 것이다.

그 후로 사진 잇기 기술은 계속해서 발전해 나란히 놓여 있거나 심지어 겹쳐지는 이미지를 커다란 모자이크로 만들어 상당히 큰 이미지를 구현하기에 이르렀다. 차세대 사진 잇기 기술은 수많은 데이터 점을 이용해 시간의 흐름에 따라 사진이 변하도록 만들어 정보의 간극을 메워줄 것이다. 사진 잇기와 비디오 잇기 기술을 한 단계 더 발전시켜 다른 데이터 포인트와 정보를 추가할 경우 더 많은 성과를 달성할 수 있을 것이다.

인과 관계

1969년, 혼돈이론 학자 에드워드 로렌츠는 나비효과를 발견했다. 나비의 날갯짓처럼 작고 경미한 바람이 몇 주 후 지구 반대편에 허리케인 같은 커다란 변화를 유발한다는 이론이다. 혼돈 이론에서 제시하는 인과 관계는 비선형 시스템을 설명하는 데 사용된다. 사건의 전개가 상당히 복잡해 사건이 발생한 이후에나 이해가 가능한 경우다.

하지만 실제로 존재하는 유일한 혼돈은 아주 복잡한 세상에서 발생하는 인과 관계를 이해하지 못하는 우리의 무능력이다. 혼돈은 우리가 이해하지 못할 때에만 혼돈이다. 혼돈의 복잡성을 언젠가는 해결할 수 있다고 가정할 경우, 우리는 이 새롭게 얻은 역량을 어떻게 활용할 수 있을까?

옛 정보에서 가치를 찾다

솔직히 말해 혼돈의 복잡성을 해결할 수 있는 시스템을 구축할 수 있을지 모르겠다. 하지만 이는 탐사할 대상이 무궁무진한 비옥한 영토다. 나는 이 시스템의 잠재적인 용도를 형사 행정학, 스파이, 역사 검증, 성서 연구, 족보학이라는 5가지로 항목으로 분류한다.

이 기술이 미칠 영향은 막대하다.

누군가 과거로 돌아가서 범인을 알 수 있을 경우 당신이라면 은행을 털겠는가?

누군가 당신이 성냥을 긋는 것을 볼 수 있다면 다른 사람의 집에 불을 지르겠는가?

NSA 같은 국정원은 다양한 형태의 첩보활동에 가담하는 사람의 역할을 해독할 수 있게 되면서 전성기를 맞이할 것이다.

이러한 기술이 가능할 경우 큰 변화가 발생할 것이다. 과거의 수많은 사건 중 의미 있는 것을 찾아내려면 자질구레한 것들로 가득 찬 뿌연 우주를 자세히 살펴볼 수 있는 날카로운 통찰력이 필요할 것이다.

정보 자원을 온전히 활용하기 위해서는 우선 정보를 이용할 수 있어야 한다. 하지만 새로운 세대가 정보 기술을 활용하게 되면 그 전 세대가 저장한 정보가 위험해질 수 있다.

이것은 지금 당장 해결해야 하는 문제다.

위기에 처한 정보 자원 보존하기

모든 정보는 그 형태와 형식을 막론하고 우리의 가장 소중한 보물이자 유산이다.

점차 증가하는 이 막대한 정보를 관리하고 보존하며 이용할 수 있는 방법을 파악하는 것은 우리에게 던져진 가장 큰 도전과제이자 의무다. 이것은 예측 가능한 미래를 위해서도 중요하지만, 예측 불가능한 미래를 위해서는 더욱 중요하다.

Epiphany
Z

유산 관리

나는 최근 내 고향 사우스다코타, 모브리지의 역사를 재연한 연극을 보았다. 미주리 강을 따라 사우스다코타 북쪽의 황무지에서 새로운 삶을 개척하고자 고군분투했던 이들을 그린 연극이었다. 배우들의 연기는 형편없었다. 그나마 흥미로웠던 사실은 이 연극이 묘지에서 상영되었다는 점이다.

덕분에 묘비와 묘지를 배경으로 용감하고 대담한 인물들이 남긴 유산을 살펴볼 수 있었다. 우리는 100년이나 200년 전에 살았던 인물에 대해 아는 것이 거의 없다. 하지만 우리 자신에 관해서는 상세히 기록된 유산을 남길 수 있다. 세상을 떠난 지 한참이 지난 후에도 나의 명성을 관리할 수 있는 것이다.

거대한 정보 혁명을 통해 '유산 관리'라는 매력적인 신산업이 떠올랐다.

우리는 이제 유산을 가상으로 관리할지 특정한 장소에 보관할지 결정해야 한다.

유산 관리 수단의 증가

일상의 정보를 포착해 보존할 수 있는 우리의 능력은 지난 수십 년 동안 기하급수적으로 성장했다. 우리는 문서, 사진, 비디오, 음성 기록을 비롯한 기타 세부적인 정보를 페이스북, 유튜브, 링크드인, 트위터, 구글 플러스 등에 쉽게 올릴 수 있다. '유산 관리 수단'의 수 역시 급증하고 있다.

하지만 이러한 수단이 10년 후에도 존재할지는 의문이다.

오늘날 저장되는 정보 중 얼마나 많은 양이 500년이나 1000년 후에도 존재할까?

2005년, 마이스페이스는 가장 인기 있는 인터넷 사이트 중 하나였다. 루퍼트 머독은 자신의 뉴스 코퍼레이션 제국의 일부로 만들기 위해 5억 8천만 달러를 주고 마이스페이스를 인수했다. 하지만 방문자수가 급감하면서 저스틴 팀버레이크와 스페시픽 미디어 그룹이 2011년 마이스페이스를 약 3,500만 달러에 인수했다.

1999년 가장 인기 있는 인터넷 사이트는 라이코스, 숨, 익사이트, 알타비스타, 지오사이트 등이었다. 이들은 매달 수백 만 명의 방문자를 끌어들였으며 마이크로소프트, 야후, 아마존 같은 기업과 경쟁했다. 오늘날 이들은 이름만 존재할 뿐이다. 기술이 급격하게 바뀌는 시점을 파악하기란 쉽지 않다. 페이스북, 구글, 링크드인, 트위터는 100년 후에도 존재할까? 그렇지 않을 확률이 높다.

이러한 기업이 사라질 경우 그들이 수집한 정보는 어떻게 될까? 유기적인 성장은 유기적인 포기를 낳게 되어 있다. 혁신적인 기업은 빠르게 탄생한 것처럼 빠르게 자취를 감추게 될까?

이러한 질문의 이면에는 완전히 새로운 산업의 가능성이 숨어 있다. 바로 우리 자신의 유산을 구축하고 보존하는 산업이다.

차세대 인터넷이 발전하는 양상을 자세히 살펴보아라. 인터넷이 얼마나 빠르게 우리 삶에 침투했으며 얼마나 많은 관심을 받고 있는지 놀랍지 않은가?

도시 경관을 따라 형성되는 물리적 구조물처럼 오늘날 거대한 데이터 조직 내에 존재하는 데이터 구조는 인류의 위대한 업적을 보여준다. 이들은 물리적 건물의 디지털 대체재일 뿐이지만 그 안에는 우리 자신과 우리가 가치 있게 여기는 것, 앞으로 나아가게 만드는 열정과 원동력에 대한 핵심 정보가 담겨 있다.

디지털 유산 산업

우리 모두는 무언가를 남기고 싶어 한다. 하지만 사진 한 장이든, 손주나 증손자에게 전하는 메시지든, 혹은 우리가 살면서 얻은 교훈이든, 미래에 이름을 남길 수 있는 우리의 능력은 이를 저장할 수 있는 수단에 의해 제약을 받는다.

이제부터 유산 관리 기업을 구축하는 데 도움이 되는 3가지, 즉 무어의 법칙, 지구 전체 족보 프로젝트, 디지털 보존 문화 조성에 관해 살펴보자.

1) 무어의 법칙

장기적인 자료를 저장하는 기준을 수립하려면 가장 작은 저장 입자를 찾아야 한다. 콜로라도 대학의 마크 더빈 교수가 무어의 법칙에 관해 수행한 연구에 따르면, 개별적인 전자에 정보를 저장하려면 129년이 걸린다. 하지만 이러한 능력은 최근 나노테크놀로지의 발전으로 더 빠른 시일 내에 가능해질 것으로 보인다. 전자를 정보 저장의 최소 단위로 가정해야 미래 정보 저장의 확실한 기준이 세워진다. 이러한 기준으로 살펴보면 2150년에 디지털로 저장한 정보를 500년 후인 2650년에도 판독할 수 있을 것으로 측정된다.

2) 지구 전체 족보 프로젝트

현재 족보업계에서는 파편적인 노력이 동시다발적으로 수없이 진행되고 있다. 앤시스트리닷컴(www.ancestry.com)과 마이헤리티지닷컴(www.myheritage.com) 같은 주요 사이트에는 수억 개의 족보를 갖춘 수많은 웹사이트가 있다. 하지만 이보다 훨씬 더 큰 기회가 우리를 기다리고 있다. 그 동안은 지구상의 모든 사람을 지구 전체 족보에 올리기 위한 총체적인 노력이 없었다.

DNA를 해독하는 능력이 향상되면서 이러한 과정은 자동화될 수 있다. 이렇게 얻어진 인류 전체의 유전 정보는 유전병, 인구학 패턴, 인구 조사국 분석 기술에 대한 자료를 제공하는 등 막대한 가치를 지닐 것이다. 그뿐만 아니라 이는 인간을 위한 새로운 조직 시스템이 될 것이다. 인류의 새로운 분류 체계가 되는 것이다. 지구상의 모든 사람은 자신의 소속을 정확히 보여주는 일종의 표식을 지니게 될 것이다. 마치 지도가 지리에 대한 우리의 생각을 형성하는 데 도움을 주는 것과도 비슷하다. 이것은 인류를 위한 새로운 형태의 '지형도'가 될 것이다. 이 부분에 대해서는 뒤에서 자세히 설명하겠다.

3) 디지털 보존 문화 조성

많은 사람들이 힘을 모아 나무, 바다, 멸종 동식물 보호를 위해 노력하고 있지만 '정보를 보존하기' 위한 노력은 사실상 이루어지고 있지 않다.

20년 전에 생성된 디지털 정보와 아날로그 정보의 대부분은 오늘날의 도구와 기술로는 해독이 불가능하다. 기술이 급속도로 발전하면서 카세트, 8트랙의 카트리지 테이프, 3.5인치 플로피 디스크는 박물관의 전시품으로 전락했다.

오늘날 인터넷 기업의 소중한 자산 중 하나는 막대한 양의 디지털 정보를 저장할 수 있는 역량이다. 하지만 우리는 이러한 기업이 파산할 경우 정보를 어디에 저장해야 할지 준비되어 있지 않다.

'정부는 화폐 제도를 수립하기 위해 노력한다.
화폐 제도하에서는 통화가치가 하락할 경우 중앙은행이 개입한다.
하지만 정보 기업이 파산할 경우 개입할 수 있는
'중앙 정보은행'이 없다.'

여전히 많은 이들은 유산을 남기는 주된 방법이 재산 상속이라고 본다. 하지만 이제 우리는 우리가 남긴 정보의 흔적을 세밀히 관리할 수 있는 능력이 있다. 원할 경우 미래의 자손들과 의사소통도 할 수 있다. 기록된 비디오, 사진, 문서는 이를 가능하게 하는 수단 중 극히 일부에 불과하다.

우리의 업적을 보존하는 일이 점차 용이해지고 있다. 내가 특정 업적을 수행한 이유를 후세대가 알 수 있기를 바란다면 사진이나 비디오, 온라인 문서를 활용하면 된다.

한 단계 더 나아가 미래 세대는 그들의 후손이 알고 싶어 하는 사안을 직접 말해줄 수 있는 아바타에 자신의 성격과 업적을 저장할 수 있을 것이다.

디지털 세상에는 인간성을 회복하고 장기적으로는 우리 후손의 미래를 결정하는 열쇠가 담겨 있다. 나이를 먹지 않는 사람은 없기 때문에 유산을 남기는 일은 상당히 중요해지고 있다. 유산을 남길 수 있는 역량을 향상시키는 일 역시 점차 중요해질 것이다.

지구 전체 족보 프로젝트

물론 누구에게나 필수적인 유산은 유전적인 형질이다.

처음부터 족보에 집착하는 사람도 있고 나이가 어느 정도 든 뒤에 족보에 관심을 갖는 이도 있다. 하지만 '나는 어디에서 왔는가?'라는 질문을 한 번도 고민해보지 않은 사람은 없을 것이다. 나는 최근에 이 질문에 대해 자주 생각했다. 그래서 서던캘리포니아 대학교의 연구진이 지리학적 인구 구조(GPS) 테스트를 창안했다고 발표했을 때 주목하지 않을 수 없었다. 서로 다른 두 조상이 만나 아이를 낳은 결과로 형성된 유전적인 형질을 파악하기 위해 DNA를 스캔하는 방법이었다.

하지만 나를 가장 크게 사로잡은 부분은 이 DNA 테스트를 통해 우리의 친척들이 지난 천 년 동안 어디에 거주했으며 심지어 우리 조상이 어떤 마을이나 섬 출신인지도 알 수 있다는 주장이었다. 천 년 전의 가계도를 그리는 것은 쉬울지 몰라도 각 조상의 이름과 거주지를 비롯한 세부 정보를 파악하는 것은 훨씬 어려운 일이다.

현재 족보업계에서는 파편적인 노력이 동시다발적으로 수없이 진행되고 있다. 루츠웹, 지니올로지뱅크, 내셔널 아카이브 같은 웹사이트에는 이미 상당한 양의 자료가 존재한다. 하지만 이보다 훨씬 더 큰 기회가 우리를 기다리고 있다. 족보 생성 과정은 자동화될지도 모른다.

우리는 천 년 전, 심지어 5천 년 전 기록까지도 포함하는 가계도를 만들 수 있다. DNA 테스트를 통해 얻은 정보 중 부족한 부분은 GPS 테스트를 통해 채우면 된다.

오늘날의 잇기 프로그램을 사용하면 공통적인 이름이나 세부 사항이 나타날 때마다 개별 족보를 연결시키는 패턴 매칭이 가능해진다. 또한 기존 자료를 검토하는 검색 로봇을 활용할 수도 있다. 지구 전체 족보를 구축하기 위한 준비가 어느 정도 되어 있는 셈이다.

이러한 정보는 맞춤형 의약품을 제공하는 사람, 과학 수사를 진행하는 사람, 사람의 기원과 관련된 연구를 수행하는 사람 등에게 상당히 중요해지고 있다.

하지만 여기서 끝나선 안 된다. 이 프로젝트를 인생의 소명으로 삼을 만한 지미 웨일즈 같은 기업가가 필요하다.

계보학

계보학(족보의 진위를 과학적 방법으로 규명하는 학문–옮긴이)이라는 용어는 '세대별 지식'을 뜻하는 그리스어에서 유래되었다. 계보 연구는 역사 기록과 유전적인 분석을 통해 친족 관계를 입증하는 복잡한 과정이다. 서양에서는 계보학이 왕과 귀족의 혈통을 파악하기 위한 수단으로 시작되었다. 누가 부와 권력을 가장 많이 지녔는지를 두고 자주 다툼이 있었기 때문이다.

일부 족보는 상당히 오랫동안 유지되고 있다. 예를 들어, 공자의 족보는 2,500년 동안 유지되고 있으며 세상에서 가장 큰 족보로 기네스북에 등재되기도 했다. 또한 초기 성서에는 아담과 이브, 노아, 아브라함을 비롯해 그리스도의 방대한 족보가 기록되어 있다.

하지만 지금까지는 지구상의 모든 이를 포함한 지구 전체 족보를 구축하기 위한 총체적인 노력이 이루어지지 않았다.

빠진 퍼즐 조각

지구 전체 족보 프로젝트는 인류의 새로운 조직 시스템이 될 것이다. 새로운 분류체계가 되는 것이다. 지구상의 모든 사람은 자신의 소속을 정확히 보여주는 일종의 표식을 지니게 될 것이다. 마치 지도가 지리에 대한 우리의 생각을 형성하는 데 도움을 주는 것과도 비슷하다. 이것은 인류를 위한 새로운 형태의 '지형도'가 될 것이다. GPS 테스트는 이 과정의 자동화에 크게 기여할 것이다. 하지만 여전히 부족한 부분이 존재한다.

표준 – 정보의 정확성과 친족의 가능성을 판단하는 방법, 계보학 연구 수행과 관련해 수많은 표준이 존재하지만 배열, 파일 크기, 연결 방법, 관계 설정 등에 있어서는 일관성이 부족하다.

생물학적인 그리드 맵 – 소셜 네트워크 사이트는 개인적인 관계를 보여주는 관계적 그리드 맵을 창출한다. 이를 통해 생물학적인 관계를 보여주는 그리드 맵도 도출할 수 있을 것이다. 다만, 사람 간의 관계는 일시적인 반면 생물학적인 관계는 영구적이다.

자동 검색 엔진 – 모든 이들의 과거와 현재를 보여주는 다차원적인 표식, 그리고 사람들에게 개인적인 기록을 남기도록 요청하는 자동 검색 엔진이 없다.

Epiphany

Z

족보 프라이버시 권리

최근 EU 법정은 '잊힐 권리'를 인정해 구글을 비롯한 검색 엔진에 검색 결과와 연결되는 특정 링크를 삭제하라고 명령했다. 사람들은 온라인에서 어떤 종류의 정보가 잊히기를 원하는 걸까? 이것이 우리의 삶과 족보에도 적용이 될까?

'잊힐 권리'를 인정하는 법은 몇년 전 처음 제안되었다. 구글은 이에 반대하며 반검열 캠페인을 통해 사람들이 자신의 역사를 지우는 것은 위험한 행동이라고 경고했다. 하지만 고용주는 보통 구글을 비롯한 기타 소셜 미디어를 사용해 채용 대상자의 개인적인 정보를 살펴본다. 채용 담당자가 이러한 사이트에서 부정적인 이미지나 글을 볼 경우 해당 인물은 최종 합격이 안 될 수도 있다.

'자신이 누구와 관련이 있는지를 감출 권리'도 '잊힐 권리'에 포함될까? 많은 이들이 모차르트, 에디슨, 만델라, 간디, 아인슈타인 등 유명한 인물과의 계보학적인 연결은 강화하고 싶어 하는 반면, 아돌프 히틀러, 오사마 빈 라덴, 테디 번디, 테드 카진스키 같은 인물과의 관계는 끊고 싶어 할 것이다.

다양한 조직 시스템

몇 년 전 임페리얼 칼리지 런던의 빈센트 사볼라이넨 박사가 이끄는 연구팀은 '바코드 유전자'라 불리는 matK 유전자를 발견했다. 이 유전자를 활용할 경우 식물과 동물의 종을 식별할 수 있다. 그들은 실제로 matK 유전자를 사용해 1,600여 종의 난초를 식별해낼 수 있었다.

서던캘리포니아 대학의 GPS 테스트와 matK 유전자를 결합할 경우 모든 식물과 동물 종의 족보를 쉽게 추적할 수 있을 것이다. 물론 이 정도 규모의 연구는 우리의 이해력을 훨씬 넘어설 것이다. 하지만 벌 군집 붕괴의 원인을 추적하는 등 특정한 사례에서는 상당히 유용한 정보가 될 것이다.

우리에게는 잊힐 권리가 있는가?

2001년, 서른다섯 살의 지미 웨일즈는 위키피디아를 수립했다. 수만 명의 자원봉사자의 힘으로 완성된 이 공개 백과사전은 다국어로 된 최대 규모의 백과사전이다. 위키피디아가 입소문이 나며 성공할 수 있었던 이유는 웨일즈의 열정과 조직력, 신뢰도, 자원봉사자를 관리하는 능력 덕분이었다. 그는 필요할 때 필요한 장소에서 필요한 재능을 지니고 있던 필요한 사람이었다.

지구 전체 족보 프로젝트를 진행하려면 이 같은 열정과 추진력, 기술, 신뢰를 지닌 사람이 필요하다. 위키피디아보다 훨씬 더 큰 프로젝트를 성사시켜야 하기 때문이다. 오늘날 지구 상의 전체 인구는 70억 명이 넘으며 천 년에 걸친 그들의 조상은 1000억 명이 넘기 때문에 이 프로젝트의 규모는 기존의 웹 자산을 훨씬 능가할 것이다. 모든 혁신은 다음 번 혁신의 디딤돌일 뿐이다. 이제는 지구 전체 족보 프로젝트라는 혁신이 발생할 때다. 그 이후의 혁신은 상상할 수조차 없다.

'더 나은 미래를 구축하기 위해서는 과거를 제대로 이해해야 한다. 기술 덕분에 우리의 문화와 생활양식, 가치 시스템은 재정립될 것이다.

의도하지 않은 결과는 항상 발생할 것이며 관리하기 어려운 결과도 발생할 것이다. 하지만 새로운 기술은 이에 개의치 않고 계속해서 등장할 것이다.'

생물학적 시계

우리의 삶을 비롯해 우리가 수행하는 모든 것을 지배하는 가장 확실한 체제는 시간 기록 시스템이다. 우리는 이 시스템을 완전히 바꿀 필요는 없지만 한 번쯤은 재고해 봐야 한다.

우리는 왜 오후 3시 15분에 회의를 하는가? 단순한 답변은 '그 때 할 수 있기' 때문이다. 고대 인류는 하루를 관리하기 위한 수단으로 시간을 발명했다. 월, 일, 년을 기록하기 위한 수단으로 시작된 것이 시, 분, 초를 보여주는 장치가 되었다.

내가 채택하고 싶은 시스템은 '생물학적 시계'다.

생물학적 시계라는 개념은 '시계가 자정이 아니라 일출을 중심으로 돌아간다면?'이라는 질문에서 시작되었다. 아침 6시에 일출이 발생할 때 하루가 시작된다면? 지구상의 모든 것은 생물학적인 리듬을 따른다. 지구의 자전에 기인한 패턴과 움직임, 주기는 모두 생물학적인 리듬이다.

생물학적 시계는 시간 기록 시스템이 계속해서 준수해야 하는 부담스러운 대상이 되어서는 안 된다는 개념에 바탕을 둔다. 시계는 인간 중심적이어야 하며 지금처럼 지나치게 엄격한 시스템이 아니라 인간의 자연스러운 흐름에 바탕을 둔 유동적인 구조가 되어야 한다.

이제부터 생물학적 시계를 확실히 이해하는 데 도움이 되는 바뀌는 일출, 미세 분할 표준 시간대, 가상 시간이라는 3가지 개념을 소개할 것이다.

바뀌는 일출

자체적으로 정정되는 원자시계(원자나 분자의 진동 주기로 시간을 재는 대단히 정확한 시계-옮긴이)를 따라 일출을 중심으로 삶을 재구성해보자. 일출은 매일 조금씩 바뀌기 때문에 하루를 마치는 시간 또한 바뀔 것이다. 이는 사회에 어떠한 영향을 미칠까?

내가 거주하는 콜로라도의 경우 해가 가장 긴 여름부터 해가 가장 짧은 겨울에 이르기까지 일출이 거의 3시간이나 차이가 난다. 해가 뜨는 시간을 항상 오전 6시로 정할 경우 해가 지는 시간은 계절별로 6시간이나 차이가 날 것이다(예를 들어, 여름에는 6시에 해가 떠서 8시에 해가 지고 겨울에는 9시에 해가 떠서 5시에 진다고 칠 경우 해가 떠 있는 시간이 각기 14시간과 8시간으로 6시간이 차이난다-옮긴이).

해가 지는 오후 9시를 중심으로 우리의 삶을 재구성할 수도 있다. 누군가는 이 방법을 더 선호할 것이다. 하지만 하루를 떠오르는 태양과 함께 시작하는 것은 상당히 중요한 의미를 지닌다.

우리의 시간을 구성하는 더 바람직한 방법은 일출의 순간을 '0시'로 정하는 것이다. 우리는 보통 해가 뜰 때 자연스럽게 눈이 떠지기 때문에 일은 그로부터 1시간 후인 1시에 시작하며 9시나 10시에 마치면 된다.

새로운 개념을 이미 여러 가지 소개했기 때문에 24시간 대신 12시간 시계를 사용하자는 극단적인 얘기는 자제하겠다. 10시간을 기준으로 하는 메트릭 시간의 장점에 대해서도 굳이 언급하지 않겠다. 일단은 일출을 하루의 시작점으로 사용하는 데 중점을 두겠다. 이 개념은 다음에 소개할 미세 분할 표준 시간대를 고려할 때 더욱 합리적인 생각이다.

미세 분할 표준 시간대

현재 우리의 표준 시간대는 북극에서 남극에 이르기까지 1시간 간격으로 나뉜다. 지리학에 바탕을 둔 현재의 시간대를 가상의 세로선을 바탕으로 한 1초 시간대로 바꾼다면?

기존 원자시계에 GPS 기술을 도입할 경우 우리가 어디를 가든 시계가 자동적으로 현지 시간에 맞춰 조정될 것이다. 언뜻 보면 상당히 혼란스러워 보이는 시스템이다. 1분은 60초로 이루어지고 1시간은 60분으로 이루어지며 하루는 24시간으로 이루어지기 때문에 이 방법을 사용할 경우 총 86,400개의 시간대가 존재하게 된다. 상당히 많은 숫자다. 하지만 이는 시계나 시간대가 아니라 사람을 중심으로 하는 시스템이라는 점을 잊지 말자.

오늘날 뉴욕에 사는 사람이 샌프란시스코에 사는 사람에게 전화를 하려면 이 두 도시 간의 시차를 계산해야 한다. 지구 반대편에 거주하는 사람과 얘기를 할 때에는 더 문제가 된다. 어떤 곳은 다른 곳과 30분이나 15분 정도밖에 시간대가 차이 나지 않기 때문이다. 86,400개의 시간대로 이루어진 시스템을 관리할 수 있는 기술이 머지않아 개발될 것이다. 그때가 되면 '가상의 순간'이 가능해질 것이다.

가상의 순간

사람 간의 의사소통은 당사자에게만 의미가 있어질 것이다. 사람들은 자신에게 편리한 시간에 쉽게 전화나 화상 회의, 가상 회의를 진행하게 될 것이다.

언제나 현지 시간을 기준으로 물리적인 회의가 진행될 것이며 회의 계획과 준비 기간은 자동적으로 주기에 계산될 것이다. 모든 시간은 여전히 그리니치 평균시를 바탕으로 하겠지만 고려해야 할 사항이 많아지면서 우리는 기술에 더 많이 의존할 것이다.

언뜻 보기엔 상당히 복잡한 시스템이 갑자기 완전히 자연스럽게 느껴질 것이다. 우리는 시계에 훨씬 덜 의존하고 하루의 자연적인 질서에 더 의존하게 될 것이다.

나는 사람들이 현재의 시간, 시계, 시간대 시스템에서 벗어나 새로운 시스템을 채택하고 싶어 할 거라고 순진하게 기대하지는 않는다. 우리는 역사를 다시 쓸 새롭고 거대한 변화를 가져오기는커녕 새롭게 확보된 낮 시간에 무엇을 할지조차 결정하지 못할 것이다.

하지만 모든 눈사태는 눈송이 하나의 움직임에서 시작된다. 내가 바라는 것은 눈송이를 움직이는 것이다. 배 위에 있는 사람에게는 시간대의 개념이 무의

미하다. 그들에게는 '배 시간'이 훨씬 더 의미 있을 것이다. 따라서 배에 승선한 사람들에게 생물학적 시간이라는 새로운 사회 구조 이론을 시험해볼 수 있다.

현재 시계 중심의 시스템은 인간의 건강을 악화시키고 있다. 우리의 수명은 줄어들고 있으며 우리가 배출하는 후손의 수도 줄어들고 있다. 또한 우리는 더 많은 스트레스와 불안에 시달리고 있다. 삶의 매 순간을 지배하는 엄격한 시간 시스템 때문이다.

우리를 과거에 속박시키는 시스템에 대항하는 순간에야말로 우리가 지닌 진정한 잠재력이 발휘될 것이다. 진정한 모험이 시작되는 순간이다.

글로벌 시스템 구축자-미래의 새로운 영향력 중개자

나는 가끔 미래에 인간적인 특징을 부여한다. 이렇게 할 경우 미래와의 관계를 새롭게 바라보게 된다. 다음의 예를 살펴보자.

미래는 미루는 것을 싫어한다. 미래는 미루는 것을 상당히 싫어해 우리에게 계속해서 압력을 넣는 자체 파괴 메커니즘을 지니고 있다. 미래는 우리를 가만히 내버려두지 않는다. 우리는 앞으로 가지 않으면 후퇴하게 된다. 중간은 없다.

사람들은 도전을 받을 때 최선을 다한다. 우리 스스로 도전적이 되지 않을 경우 미래는 어떤 식으로든 우리에게 도전을 강요한다. 투쟁은 좋은 결과를 낳는데, 인간은 힘들게 얻은 것만을 소중히 여기는 경향이 있기 때문이다.

우리는 과거 지향적인 문제 해결과 미래 지향적인 업적 사이에 갈피를 잡지 못하고 있다. 미래의 목표를 향해 나아갈 경우 과거의 문제에서 벗어날 수 있다. 이 과정에서 과거의 문제가 다른 방식으로 해결되기 때문이다. 따라서 우리는 미래 지향적인 업적을 더욱 많이 달성해야 한다. 미래의 중대한 프로젝트는 이 중에서 발생할 것이다.

미래 지향적인 업적을 달성하려면 우리 주변에서 발생하는 활동을 통제하고 관리하며 활용할 수 있는 효과적인 시스템이 필요할 것이다. 이 시스템은 당연히 글로벌한 시스템이 되어야 한다. 시간이 지나면서 국가의 힘에 도전하는 시스템도 등장할 것이며 머지않아 이 모든 것이 현실이 될 것이다.

국가 시스템에서 글로벌 시스템으로

지난 수십 년 동안 뉴욕증권거래소의 개장과 폐장을 알리는 것은 종소리였다. 업무의 시작과 끝을 알리는 이 상징적인 종소리는 미국 산업이 돌아가는 속도를 결정했다. 돈을 쥐락펴락하는 사람들이 보고 있는 동안에만 모든 것이 중요해 보였다. 하지만 인터넷 덕분에 도쿄, 홍콩, 인도, 아테네, 런던증권거래소 등 전 세계에서 단타 매매자가 계좌를 관리할 수 있게 되자 상황이 바뀌었다.

갑자기 개장과 폐장 시간이 불확실해졌으며 결국 완전히 사라지게 되었다. 일정하게 돌아가던 산업이 다른 박자에 맞춰 움직이기 시작했고 월스트리트의 시간에 더 이상 의존하지 않아도 되자 무궁무진한 기회가 창출되었다. 산업이 돌아가는 속도가 점차 빨라지자 전략가들은 완전히 새로운 각본을 짜게 되었고, 그 결과 기업들은 경쟁우위를 확보할 뿐 아니라 경쟁자를 물리치기 위해 새로운 시스템과 전략을 고안하게 되었다.

글로벌 시스템 페덱스

페덱스의 탄생으로 이어진 통찰의 순간은 프레드 스미스가 예일대 재학 시절 상당히 단순한 관찰을 바탕으로 학기말 과제를 쓰던 순간 찾아왔다. 그는 "사회가 자동화되고 비행기에 정교한 전자제품이 설치되기 시작하면서 기업은 완전히 다른 물류 시스템을 필요로 하게 될 것이다."라고 썼다.

프레드는 트위드 뉴 헤이븐 공항에서 차터 파일럿(개인 및 회사의 필요에 의해 다양한 시간대에 다양한 지역으로 운전하는 전세기 파일럿—옮긴이)으로 일하고 있었는데, IBM이나 제록스 같은 첨단 기술 기업에서 일하는 다른 파일럿들과 얘기를 나눈 결과 현장 서비스 기술자와 비행기 부품, 물류 시스템을 관리하는 것이 얼마나 어려운 일인지 알게 되었다. 기업이 소유하고 있던 비행기의 상당수는 고장이 날 때마다 컴퓨터나 기계의 부품을 실어 나를 수 있도록 용도를 바꿀 필요가 있었다.

해군 복무를 마친 프레드는 몇 년 후 이 문제를 다시 살펴보았는데, 상황은 훨씬 더 악화되어 있었다. 에머리 항공화물은 여객기용으로 설계된 기반 시설을 사용해 문제를 해결하려고 했다. 그들은 고도의 기술을 요하는 고부가가치의 제품을 그렇지 않은 운송 시스템에 억지로 끼워 맞추고 있었다.

페덱스는 이 문제를 해결하기 위한 맞춤형 시스템으로 제안되었다. 이 시스템이 성공하기 위해서는 전국적인 정보 교환소가 필요했다. 트럭과 비행기를 이용해 고객이 원하는 수준의 서비스를 제공할 수 있는 통합 시스템이 필요했던 것이다. 그들은 모든 지불이 중앙으로 통합되어 거래가 완료되는 연방 준비 은행의 정보 센터 시스템을 모델로 사용했다.

페더럴 익스프레스라는 이름은 이렇게 해서 탄생했다. 프레드는 전국적이고 신뢰할 만한 이름을 원했는데 아메리칸 익스프레스는 이미 사용되고 있었기 때문이다. 페덱스의 서비스는 정부가 항공 산업에 대한 규제를 철폐하면서 가능해졌다. 그 전에는 지상 운송수단과 항공 운송수단 모두 직선 궤도를 바탕으로 했기 때문에 연결 시스템이 상당히 복잡했다.

1977년에서 1978년 사이 비행기 산업에 대한 규제가 사라졌고 그로부터 몇 년이 지난 1980년, 미국 연방 정부는 주간 운송수단에 대한 규제를 없앴다. 당시에는 우체국이 우편물 배송을 독점하고 있었기 때문에 1978년까지 별도의 문서 배송은 불법이었으나 우체국이 독점권을 지니고 있는 우편물에 대한 기준이 그 해 바뀌게 된다.

메릴 린치를 비롯한 일부 기업이 로비스트와 언론을 이용해 공격을 가하기 시작했고 우체국의 서비스를 용납할 수 없다고 의회에 이의를 제기했다. 당시 메릴 린치는 '세법 설명서'를 비롯한 다른 종류의 금융 사업 설명서를 배송하려고 했지만 규제 때문에 불가능했던 것이다. 의회는 결국 압력에 못 이겨 프라이빗 익스프레스라는 법률을 제정해 특정 유형의 간행물과 문서를 우체국 독점 대상에서 제외시켰다.

기업이 하룻밤 사이에 문서를 배송하고 퍼스트 클래스 우표 요금의 2배를 청구하기만 하면, 우체국의 독점 대상에서 제외되었다. 페덱스의 사업 영역이 확정되는 순간이었다.

프레드 스미스는 9,100만 달러의 벤처 캐피탈 자금에 유산으로 물려받은 400만 달러를 합쳐 페덱스를 시작했다. 처음에는 14대의 비행기로 25개 도시를 운항했지만 1985년에는 유럽으로 정규 운항을 시작했고 1988년에는 일본, 1989년에는 중동, 1991년에는 전 세계로 서비스를 확장시켰다.

페덱스는 18년 만에 글로벌 운송 시스템이 되었다. 수백 년이 걸린 다른 글로벌 시스템에 비해 상당히 빠르게 이룩한 쾌거였다.

8가지 현 글로벌 시스템

글로벌 시스템은 상당히 매력적인 연구 분야다. 대부분의 사람이 고려하지 않는 맥락을 제공하기 때문이다. 페니키안 설형문자나 마야 숫자를 이용한 문자 의사소통 시스템, 이집트 피라미드를 계측하고 건설하기 위해 필요했던 제도 같은 초기 시스템에서 알 수 있듯, 시스템 사고법은 이미 오래 전부터 존재했다. 하지만 글로벌 시스템은 훨씬 최근의 발명품이다.

글로벌 시스템이 지닌 가장 확실한 장점은 효율성이다. 예를 들어, 평생 동안 사냥이나 낚시를 하던 사람이 상점에서 식품을 살 수 있게 되면 다른 일을 할 수 있는 시간이 훨씬 많아진다. 또한 지구 반대편에서 물건을 배송해오기 위해 복잡한 과정을 거쳐야 했던 기업이 편리한 글로벌 배송 서비스를 제공하는 페덱스를 이용할 경우 다른 중요한 문제에 집중할 수 있게 된다.

글로벌 시스템과 그로 인해 발전할 8가지 예는 다음과 같다.

1. 글로벌 무역

1264년, 마르코 폴로는 유럽에서 출발해 지금의 베이징, 중국에 이르기까지 '실크 로드'를 따라 이동했다. 글로벌 무역 시스템을 구축하는 최초의 발걸음을 뗀 것이다.

2. 글로벌 해상 운송

1492년 8월 3일, 콜롬버스는 스페인 깃발을 단 함선 3대를 이끌고 스페인, 팔로스에서 출발해 아메리카로 향했다. 이 역사적인 여행이 있은 후, 탐험의 시대가 시작되었고 글로벌 해상 운송 시스템이라는 새로운 시대가 막을 열었다.

3. 글로벌 측정 시스템

프랑스 과학자 가브리엘 무통은 1670년에 출간한 《Observationes diame-trorum solis et lunae apparentium(태양과 달의 지름 관찰)》에서 지구의 둘레를 바탕으로 한 십진법 측정 시스템을 제안했는데, 그 결과 (완전히 채택된 것은 아니지만) 전 세계적으로 인정받는 글로벌 측정 시스템인 미터법이 탄생했다.

4. 글로벌 뉴스 서비스

전보가 개발 초기 단계에 있던 1848년, 폴 로이터는 로이터 뉴스 에이전시를 창립했다. 통신용 비둘기를 이용해 베를린과 파리 간에 전보를 주고받는 기업이었다. 이 통신용 비둘기는 우편 열차보다 훨씬 빨랐기 때문에 로이터는 파리 증권거래소로부터 주식 정보를 더 빠르게 받을 수 있었다. 1951년, 전신선이 생기며 통신용 비둘기는 은퇴했지만 폴 로이터는 오늘날 글로벌 뉴스 서비스 발전에 중요한 역할을 했다.

5. 글로벌 표준시간대

1884년 10월, 미국 대통령 체스터 A. 아서의 요청에 따라 워싱턴 D.C.에서 국제 자오선 회의가 열렸다. 전 세계 시간과 시간대의 기반을 구축하기 위한 회의였다. 25개 국가에서 41명의 사절단이 모였으며, 그 결과 오늘날의 글로벌 표준시간대 시스템이 수립되었다.

6. 글로벌 항공 운송

찰스 린드버그는 1927년, '세인트루이스의 정신(Spirit of St. Louis)' 호를 타고 롱 아일랜드의 루즈벨트 필드에서 파리에 이르기까지 대서양 단독 무착륙횡단비행을 했다. 글로벌 항공 운송 시대의 개막을 알리는 사건이었다.

7. 글로벌 내비게이션 시스템

1978년에 개시된 GPS 시스템은 글로벌 내비게이션 위성 시스템으로, GPS 수신기는 정확한 극초단파 신호를 전송하는 24개의 중궤도 위성을 이용해 물체의 위치와 속도, 방향을 판단한다.

8. 인터넷

1989년, 팀 버너스 리는 글로벌 정보 공유를 위한 하이퍼미디어 프로젝트의 일환으로 스위스의 유럽공동원자핵연구소(CERN)에서 훗날 월드와이드웹이 된 인터넷 프로토콜을 개발했으며 1990년에는 최초의 웹 클라이언트와 서버를 작성했다. 훗날 웹 기술이 확산되면서 그가 개발한 URI, HTTP, HTML은 훨씬 정교해졌다.

위에서 살펴본 8가지 사례는 현존하는 글로벌 시스템의 일부에 불과하며 더 많은 시스템이 현재 개발 중이다. 인터넷은 글로벌 시스템을 설계하고 시험하며 발전시킬 수 있는 완벽한 플랫폼이 되고 있다.

8가지 신흥 글로벌 시스템

현재 인터넷에서 부상 중인 글로벌 시스템을 소개하겠다. 처음부터 '글로벌 시스템'이 되겠다는 의도에서 시작된 것은 없었다. 하지만 산업 구조가 지닌 독특한 특징 덕분에 글로벌 시스템으로 급격히 부상하고 있다.

1. 글로벌 검색- 구글, 야후, 바이두

2. 글로벌 백과사전- 위키피디아

3. 글로벌 아틀라스- 구글 어스, 구글 맵, 맵퀘스트

4. 글로벌 소셜 네트워킹- 페이스북, 트위터, 링크드인, 하이파이브

5. 글로벌 비디오 보관소- 유튜브, 비디오, 메타카페

6. 글로벌 3D 가상 세계- 세컨드 라이프, 월드 오브 워크래프트, 클럽 펭귄

7. 글로벌 시장- 이베이, 아마존, 크레이그 리스트, 바이닷컴

8. 글로벌 음악 시장- 아이튠, 스포티파이, 판도라

위에서 나열한 시스템의 성격에 주목하자. 조직 중심의 하향식 구조에서 참여자 중심적이고 끊임없이 진화하는 상향식 구조로 바뀐 것을 알 수 있다.

따라서 현재 개발 중인 신 글로벌 시스템은 각기 수십억 달러의 기회를 낳을 수 있다.

글로벌 시스템은 삶을 편리하게 만들었을뿐 아니라 경제적으로도 큰 의미를 가진다. 하지만 차세대 글로벌 시스템은 기업에 의해 운영되지는 않을 것이다. 소위 '실험적인 국가'라 불리는 새로운 단체가 이 역할을 떠맡을 것이다. 정부처럼 운영되는 이 같은 단체는 세상을 관리하는 새로운 방법을 실험할 것이다.

8가지 미래 글로벌 시스템

미래의 글로벌 시스템은 오늘날 운영되고 있는 협회에서 탄생할 것이다. 이미 기존 협회 중 상당수가 다양한 국가에 회원을 두고 있으며 의사결정위원회와 회원국 대표 간에 균형을 이루기 위해 노력하고 있다.

미래에 가능한 8가지 글로벌 시스템은 다음과 같다.

1. 상장 기업을 위한 글로벌 회계 기준
2. 글로벌 통화
3. 전 세계 공항 관리 기준과 정책을 담당하는 글로벌 공항 당국
4. 공해상에서 발생하는 모든 것을 관리할 글로벌 해상 당국
5. 글로벌 족보 시스템과 표준
6. 개인 소유권에 대한 표준과 규제를 관리할 글로벌 소유권 당국
7. 글로벌 윤리 기준
8. 글로벌 특허 시스템

이미 이 단체의 상당수는 어느 정도 존재하고 있다. 하지만 시간이 지나면

서 글로벌 시스템을 관리하는 단체의 영향력과 권한이 커지면서 국가의 권한이 위협받기 시작할 것이다.

예를 들어, 세계지적재산권기구(WIPO)는 각 국가별 지적재산권법 간의 차이를 조절하는 역할을 한다. 하지만 WIPO가 있다 하더라도 특허, 상표, 저작권과 관련된 규율과 법, 기준이 국가마다 다르기 때문에 막대한 문제들이 발생하고 있다.

만약 전 세계적으로 인정되는 특허를 신청할 수 있게 된다면 '그러한 단체는 과연 어떠한 모습일 것이며 그러한 영향력과 권한을 얻기 위해서는 무엇이 필요할까?' 권력을 추구하는 글로벌 시스템은 기존의 국가 기관에 위협이 될 수밖에 없다.

글로벌 시스템이 진화하면 기존의 회원국을 상대로 수많은 다툼이 발생할 수밖에 없다. 글로벌 시스템은 현존하는 국가 시스템에서 발견되는 편견과 사기, 사리 등의 문제를 해결해 주겠지만 현실은 그렇게 단순하지 않다. 글로벌 시스템 내에서 발견되는 부패와 사리는 국가 시스템 내에서 발견되는 부패보다 훨씬 더 심각할 것이다. 이러한 권한을 지닌 단체의 성격상 그럴 수밖에 없다.

글로벌 단체가 국가 기관의 권한에 맞서는 순간이 올 것이다. 어떤 단체는 핵심 사안에 대해 회원들이 투표를 하는 e-민주주의로 운영될 수도 있다.

글로벌 시스템 구축자-미래의 최고 실세일까?

100년 후, 이 세상에서 가장 큰 권력을 지닌 주체는 누가 될까? 여전히 미국 같은 국가가 될까, 아니면 다른 단체가 될까? 예를 들어, 한 기업의 CEO가 개별 국가의 지도자보다 훨씬 더 많은 권력과 통제력을 지닐 수 있을까? 아니면 종교 단체가 전 세계적으로 영향을 미치며 국가의 권력을 앗아가기 시작할까?

EU, OPEC, UN 같은 국가 연합이 회원국의 권력을 대신하게 될까? 국제통화기금(IMF), 세계은행(World Bank), 국제 인터넷 주소 관리 기구(ICANN) 같은 비정부 기관이 개별 국가의 권력을 앗아갈 수 있을까? 현재 전 세계적으로 수십 만 명의 회원을 보유하고 있는 국제전기전자기술자협회(IEEE) 같은 전문 기관이 회원들이 속한 국가가 지닌 권력을 초월할 수 있을까?

과거에 국가의 권력은 적을 무찌르고 자국민을 보호하기 위한 역량으로 간주되었다. 하지만 오늘날 국가의 권력은 다른 이들에게 영향을 미치고 그들을 통제하는 능력에 가깝다. 물론 아직도 국가의 권력을 적군을 물리치는 힘과 연결 짓는 사람이 있기는 하다. 미래에는 소수의 지배 국가가 폭동을 진압하고 분쟁을 해결하는 국제 경찰관 같은 역할을 맡을 것이다. 하지만 의사소통 시스템이 개선되면서 드러내 놓고 전쟁을 벌이는 국가는 점차 줄어들 것이다.

지금부터 2050년 사이에 발생할 대부분의 권력 이동은 경제를 둘러싼 다툼, 데이터와 수입원을 통제하거나 파괴하는 능력 때문에 발생할 것이다. 혼란을 야기하는 수단은 더욱 파괴적이 되고 있다. 따라서 막강한 도구로 무장한 개인이 국가 전체를 무너뜨리거나 심지어 파괴할 수도 있을 것이다.

미래에는 글로벌 시장에서 경쟁력이 가장 높은 시스템을 갖춘 국가가 권력의 중심이 될 것이다. 중국, 러시아, 브라질, 인도, 일본, 영국, 미국 같은 큰 국가는 여전히 중요한 역할을 할 것이다. 하지만 작은 국가들 역시 빠르게 적응하고 새로운 방법을 실험할 수 있는 능력을 활용해 나름의 우위를 누리게 될 것이다.

이 모든 변화는 어떠한 양상으로 펼쳐질까? 나는 글로벌 시스템 구축자가 미래의 지배적인 실세로 등장할 거라고 본다. 이러한 변화를 인지한 사람은 이를 자신에게 유리한 방향으로 활용할 것이다. 똑똑한 사람들은 이러한 변화가 일어나기 시작했다는 사실을 이미 오래전에 파악했다.

존 F. 케네디는 이렇게 말했다.
'우리는 10년 안에 달에 가기로 결정했다.
쉬운 일이기 때문이 아니다. 어렵기 때문이다.'

머지않아 무너질 시스템을 치료하기 위해서는 차원이 다른 동기부여가 필요하다. 우리가 이 일을 수행해야 하는 이유는 해야만 하기 때문이다. 그렇다, 이는 매우 어려울 것이다.

Epiphany Z

Z 통찰 - 정부 최적화

정부 시스템은 이를 이용하는 기업이나 단체, 개인에 비해 상당히 느린 속도로 진화한다.

사실 정부는 경쟁 상대가 없으며, 그 결과 혁신하고자 하는 동기부여도 거의 없다. 날렵한 고양이 같은 기업 옆에 서 있는 느릿느릿한 코끼리 같은 정부는 변화에 뒤처지지 않으려는 노력을 거의 하지 않으며 실험하고 혁신하며 개선하려는 노력은 더욱 하지 않는다.

정부 관료와 직원들은 완전히 다른 시계에 맞춰 활동한다. 그들은 경쟁심이 강하지도 않고 변화할 필요성도 느끼지 못한다. 변화를 거부하는 정부 시스템은 점차 오작동하고 있으며 전문가들 사이에서는 불만의 목소리가 커지고 있다.

질 낮은 교육, 비싼 의료 서비스, 지나치게 많은 법으로 넘쳐나는 법률 체계, 부패한 재정 단체, 이해 불가능한 세법, 변화를 거부하는 태도는 새로운 정부의 탄생을 촉진하고 있다.

글로벌 통치권의 시대에 진입하다

때는 2025년, 노르웨이 노벨 위원회는 지금과는 다른 방법을 이용해 노벨 평화상 수상자를 선정한다. 글로벌 선거를 통해 전 세계 사람이 노벨 수상자 선정 과정에 참여하는 것이다.

선거가 있기 2개월 전, 위원회는 4명의 후보자를 공표했다. 선거 자체는 24시간 동안 진행되며 온라인 투표 시스템을 이용해 컴퓨터, 태블릿, 핸드폰으로 투표할 수 있다.

공식적인 투표를 하기 전에 8개의 간략한 질문으로 된 짧은 테스트를 거쳐야 한다. 이는 각 후보자에 대해 더 잘 파악하기 위한 방법으로 후보당 2개의 질문으로 이루어진다. 전 세계의 평화주의자는 너도나도 투표에 참여하고, 공식적인 투표가 끝나면 55개 국가 출신의 7억 4천만 명의 투표자에 의해 최종 당선자가 선정된다.

수많은 뉴스 카메라가 이 순간을 포착하기 위해 몰려드는 가운데 당선자가 공식적으로 선언된다. 이 당선자는 순식간에 전 세계적으로 유명인이 된다. 그 어떠한 왕이나 대통령, 수상자보다도 훨씬 더 유명인사가 되는 것이다. 이는 그저 노벨 평화상을 선정하기 위한 독창적인 방법에 불과해 보이지만 그게

다가 아니다. 전 세계적으로 진행 가능한 투표 제도는 '촉매적인 혁신'으로, 새로운 글로벌 통치권을 낳을 수 있다.

촉매적인 혁신

촉매적인 혁신은 기존 산업을 파괴하는 혁신과는 달리 완전히 새로운 산업을 낳을 수 있다. 새로운 세상으로의 문을 열어주는 촉매적인 역할을 하는 기술이라면 전부 촉매적인 혁신에 해당 된다. 전자 투표는 이미 오래 전부터 효율적인 투표 방법으로 여겨져 왔다. 하지만 이 기술은 그저 새로운 방법에 머물지 않고 이보다 훨씬 더 큰 기회를 제공할 것이다.

가능한 시나리오

글로벌 선거의 초기 형태는 이미 〈아메리칸 아이돌〉이나 〈유로비전 송 컴피티션〉 같은 TV 프로그램에서 찾아볼 수 있다. 글로벌 선거가 미래에 영향을 미치는 유용한 도구가 될 수 있는 사례는 또 무엇이 있을까?

우선 다음과 같은 비교적 무해한 시나리오가 있다.

- 타임지의 '올해의 인물' 선정
- 다음 올림픽이나 월드컵 개최지 선정
- '세계 7대 불가사의' 재선정

한편, 현재로선 수용할 수 없는 경우도 있다. 많은 국가에서 금지 혹은 검열될 수 있는 사례는 다음과 같다.

- 전 세계의 공식적인 지도자 선정
- 달의 공식적인 소유자 선정
- 개별 국가의 선거 결과를 전 세계적으로 기각하려는 시도

- 전 세계의 공식 종교 선정

글로벌 선거를 시행하는 것이 적정한지 확실히 판단할 수 없는 애매한 영역도 있다.

- 썩지 않는 플라스틱 병의 사용을 전 세계적으로 금지해야 하는가?
- 전 세계의 어업, 채굴, 오염, 삼림벌채 양에 제한을 두어야 하는가?
- 전 세계적으로 통용되는 윤리 강령, 개인의 자유에 관한 법안, 옳고 그름을 판가름하는 법, 개인 정보 보호 정책 등을 수립할 수 있을까?

국가 시스템의 상당수는 새로운 글로벌 시스템의 일부가 되고 있다. 따라서 아래와 같은 분야에서 공식적인 정책을 결정하기 위해 글로벌 투표 제도를 활용할 수 있다.

- 인터넷
- 국제 항공기
- GPS(지구 위치측정 시스템)
- 글로벌 통화
- 지적 자산
- 글로벌 여권
- 중앙은행

많은 사람들이 언젠가 전자 민주주의 시대의 막이 열릴 것이라 예측한다. 전자 민주주의 시대에는 시민들이 직접 투표소에 갈 때보다 훨씬 더 많은 사안에 의견을 표명할 수 있을 것이다.

선출직 공무원의 권력을 피해가기 때문에 전자민주주의는 일찌감치 상당한 저항에 직면하게 될 것이다. 그리고 국경을 넘어 여러 국가의 권력에 영향을 미치게 될 경우 저항은 더욱 거세질 것이다.

Epiphany

Z

글로벌 통치권

글로벌 선거의 결과가 산업 단체, 개별 국가, 심지어 국가 연합의 통치권에 영향을 미치고 이를 대체할 만큼 충분한 영향력을 가지는 시점은 언제일까?

5개 국가를 대표하는 2천만 명의 사람이 모이면 글로벌 통치권이 수립될 수 있을까? 아마 아닐 것이다.

80개 국가를 대표하는 5억 명의 사람이라면? 아니면 전 세계 사람의 10퍼센트, 즉 7억 명의 사람이라면 충분할까?

각 산업이나 정치 단체에는 자체적인 '모집단'이 있다. 이 모집단의 최소 비율이 필요할까? 선거 결과가 1퍼센트 밖에 차이 나지 않을 경우 글로벌 통치세력의 의견이 될 수 없을까? 60퍼센트에서 70퍼센트에 해당되는 압도적 다수의 확실한 의견이 필요할까?

이 질문에 답하기란 쉽지 않다. 하지만 그렇다고 해서 글로벌 선거 제도를 사용해 전 세계에 영향을 미치고자 하는 사람들의 욕구가 사라지지는 않을 것이다.

메가 영향자의 전투

이 세상에는 다른 이들의 의견에 큰 영향을 미치는 사람이 있다. 예를 들어, 마크 저커버그, 잭 마, 래리 페이지, 지미 웨일스, 마크 큐반, 레이드 호프만, 마리사 메이어, 피터 틸 같은 사람이 글로벌 선거를 주최할 경우 전 세계 사람들이 주목할 것이다.

전 세계적으로 십억 명이 넘는 사용자를 확보하고 있는 페이스북이나 구글 같은 기업은 선거를 홍보하고 진행하며 한계를 실험할 완벽한 플랫폼이 될 수도 있다. 하지만 그게 다가 아니다.

페이스북이나 구글은 완전히 이타적인 동기로 이러한 선거를 주최하는 것처럼 보이지만 속내는 중국 같은 검열 국가에 큰 영향을 미쳐 이러한 국가가 자사에 개방적이 되거나 주요한 결정에서 '소외되도록' 만드는 것이다. 이처럼 숨은 의도가 있다고 의심되는 모든 선거는 실패하게 되어 있다.

인터넷을 활용해 큰 목적 달성하기

우리는 지금까지 전 세계에 영향을 미치기 위해 인터넷을 피상적으로만 사용했다. 하지만 사진과 비디오 공유, 온라인 게임, 소셜 네트워크 같은 현재의 사용 방법을 넘어서 훨씬 더 큰 목적에 인터넷을 활용할 수 있다. 전자 투표도 그 중 하나다.

한계를 시험하고자 하는 영향력 있는 사람이 1차 글로벌 투표를 주도할 것이다. 제대로 계획되지 못한 1차 글로벌 투표는 충분한 관심을 받지 못하고 대부분의 사람은 이를 실패로 여길 것이다. 하지만 피터 디아만디스가 글로벌 대회를 촉진시킨 것처럼 새로운 글로벌 선거 산업을 이끌 지도자가 나타날 것이다.

노벨 평화상의 수상자를 선정하는 데 더 많은 사람을 참여시키는 방법으로 시작된 글로벌 투표의 용도는 사실 훨씬 더 방대하다. 우리는 이를 새로운 글로벌 통치권을 수립하기 위한 방법으로 활용할 수 있다. 가장 이상적인 시나리오는 글로벌 통치권이 글로벌 의견 측정에서부터 도를 넘는 국가에 대한 견제와 균형에 이르기까지 모든 것을 담당하는 것이다.

감옥이 불법이 될 때

나는 〈스타 트렉〉을 처음 봤을 때 커크 선장이 "테이저(영화에서 광자 에너지를 레이저 형태의 빛으로 방출하는 기기로 살상력을 지닌 무기로도 사용된다−옮긴이)를 기절 모드로 맞춰."라고 말하는 것을 보고 이 미래의 무기는 다양한 모드로 설정할 수 있다는 사실을 깨달았다. 대부분의 사람은 '살상'모드나 '기절'모드 둘 중 하나만 가능할 거라고 생각하겠지만 나는 8개에서 10개의 모드를 지닌 무기도 가능할 거라고 생각했다. 어떠한 설정이 가능할까?

기절 1(고통스럽게 기절시키는), 기절 2(고통스럽지 않게 기절시키는), 웃음(통제 불가능할 정도로 웃게 만드는), 기억상실(자신이 한 행동을 잊어버리게 만드는), 슬로 모(슬로 모션으로 걷게 만드는), 자살(자살하게 만드는), 발작(모든 근육이 경련을 일으키는), 지나친 죄책감(죄책감과 자기혐오로 꼼짝 못하게 만드는), 지나친 연민(갑자기 우리의 친구가 되는) 정도가 되지 않을까 싶다.

오늘날의 무기는 한 가지 설정만 가능하기 때문에 다양한 선택을 할 수 있는 무기를 상상하기란 쉽지 않다.

이와 마찬가지로 법정에 선 사람에게 판사가 내리는 처벌 방법은 감금 하나뿐이다. 물론 벌금을 부여하거나 사회 봉사활동을 하라고 명령할 수도 있지만 우리의 사법제도는 감옥을 중심으로 하기 때문에 다른 대안을 생각하기 쉽지 않다.

현재 미국에서는 수감률이 최고치에 달하고 있다. 따라서 감옥이 더 이상 대안이 될 수 없는 세상을 생각해 볼 필요가 있다. 더 이상 사람들을 '감금'할 수 없을 경우 어떠한 세상이 가능할까? 몇 가지 사례를 살펴보자.

유행처럼 번진 현재의 수감 상황

미국의 인구는 전 세계 인구의 약 5퍼센트 밖에 되지 않지만 교도소 수감자는 전 세계 교도소 수감자의 25퍼센트나 차지한다. 그 중 비폭력적인 범죄 때문에 수감된 사람이 절반에 이른다. 2011년 미국 교도소 수감자는 2010년에 비해 15,023명이 줄어들어 160만 명이 되었다. 그 결과 전 세계 교도소 수감자 수가 0.9퍼센트 감소했다.

하지만 이러한 긍정적인 상황도 큰 관점에서 보면 일시적인 변화일 뿐이다. 통계에 따르면 미국의 교도소 수감자는 1972년에서 2008년 사이 자그마치 708퍼센트나 증가했다. 일반적인 인구 성장과 범죄율의 증가속도를 훨씬 능가하는 비율이다. 현재 미국인 122명 중 한 명은 감옥에 있으며 32명 중 한 명은 수감되어 있거나 가석방된 상태다.

즉, 미국 성인 인구의 4.1퍼센트에 해당되는 700만 명이 현재 '교정 시설'의 비자발적인 회원이라는 의미다. 미국 연방사법통계국에 따르면, 미국의 수감률은 전 세계에서 가장 높으며 감옥의 밀도 또한 가장 높은 것으로 밝혀졌다.

처벌 Vs. 갱생

현재 형사 제도는 체포, 재판, 판결, 처벌이라는 몇 가지 단계로 이루어지며, 처벌에는 대부분 특정 형태의 감금이 수반된다. 상당히 많은 비용이 소요되는 과정이다. 수백만 명의 사람이 필요하기 때문이다.

갱생은 범죄를 저지른 사람이 다시는 그러한 행위를 저지르지 않도록 교화시키는 것을 말한다. 갱생은 모든 단계에서 이루어질 수 있다. 경찰이 범죄자를 잡았을 때 벌금이나 경고를 부여하는 것이 한 사례다.

판결과 처벌의 경우 논란의 여지가 있다. 현 상황을 옹호하는 사람은 처벌은 제지 효과가 있으며 파괴적인 성향을 지닌 사람을 사회에서 제거하기 때문에 합리적인 방법이라고 주장한다.

이에 반대하는 사람은 처벌은 더 큰 범죄를 낳는다고 주장한다. 감옥 자체가 일종의 범죄 학교와도 같기 때문에 사람들은 처음에 감옥에 들어갔을 때보다 더 나쁜 사람이 되어 출소하기 일쑤다. 양측 주장 모두 일리가 있지만 현 제도를 유지하는 데 상당한 비용이 소요된다는 것만은 확실하다.

경찰, 변호사, 판사, 간수를 고용하는 비용이 고스란히 납세자에게 전가될 뿐 아니라 이 제도가 사회에 미치는 전반적인 악영향도 만만치 않다. 감옥은 근로자의 수입을 앗아가고 부모와 자녀를 갈라놓으며 자립할 수 있는 사람을 정부의 보조에 의지하게 만든다. 빠듯한 수입으로 근근이 살고 있던 사람은 수감과 함께 파산에 이르며, 전과기록이 있는 사람은 직업을 구할 수 없어 보통 가난에 허덕이게 된다.

회복적 사법 제도

회복적 사법 제도는 희생자와 가해자, 지역 사회에 초점을 맞춘다. 정부는 범죄자를 처리하는 방법만을 고민하는 지엽적인 시각에서 벗어나야 한다. 가장 큰 피해를 입는 대상은 희생자와 지역 사회이기 때문에 이들 역시 형사 사법 과정에 적극 참여해야 진정한 변화가 일어난다.

현재 많은 희생자가 사법 제도 때문에 또 다른 피해를 보고 있다. 이들은 사법 제도가 진행되는 절차에서 소외되기 때문이다. 회복적 사법에서는 희생자가 적극적인 역할을 맡으며 가해자는 자신의 행동에 책임을 지게 된다. 사죄하고 훔친 돈을 돌려주거나 사회봉사 활동을 함으로써 자신이 저지른 죄를 시정하는 것이다.

회복적 사법 제도는 모든 과정에서 희생자를 고려한다.

희생자가 다시 일어설 수 있도록 도와주며 피해에 대한 보상을 제공한다. 회복적 사법 제도는 가해자를 감옥에 가두고 끝나는 것이 아니라 그들에게 책임을 묻는다. 그들은 가해자에게 끼친 고통을 마주해야 하며 다시는 이러한 범죄를 저지르지 않기 위한 방법을 강구해야 한다.

이제 회복적 사법 제도라는 아이디어를 한 단계 더 발전시켜보자.

Epiphany

Z

감옥 없는 세상

단순한 질문에서부터 시작해 보자. 범죄자를 가둘 감옥이 없다면 이들을 어떻게 해야 할까?

〈스타 트렉〉의 테이저를 다양하게 설정해 본 것처럼 범죄자를 관리할 수 있는 다양한 방법을 생각해 볼 수 있지 않을까? 기술이 발전하면 다음과 같은 선택이 가능해질 것이다.

● **자동 감시:** 드론 기술이 빠르게 발전하면서 머지않아 눈에 띄지 않는 소형 드론이 개인을 24시간 감시하게 될 것이다. 몇 년 후면 드론이 개인의 디지털 서명(뇌와 에너지 파동 추적을 활용한 열 서명)을 추적할 수 있을 것이다. 개인을 추적할 수 있으면 개인의 행동을 자동으로 분석하고 폭력이 발생할 때마다 즉시 조치를 취할 수 있을 것이다.

● **자동 교정:** 사회가 점차 투명해지면서 일탈적인 행동을 더욱 쉽게 파악하게 될 것이다. 예를 들어, 가게에서 물건을 훔치거나 남의 집에 침입하거나 누군가를 때리고 살인을 저지르는 행위를 상당히 쉽게 추적할 수 있을 것이다. 습관적으로 범죄를 저지르는 사람에게는 감시 드론이 경고 사격을 하거나 테

이저 건을 쏘거나 기타 도구를 이용해 그들의 공격을 저지할 것이다.

- **자동 처벌:** 상당히 폭력적인 사람에게는 '전기 충격'을 가할 수도 있다. 드론이 정해진 기간에 정해진 횟수만큼 전기 충격을 가하는 것이다. 단, 이러한 수단을 사용할 때에는 해당 인물에게 육체적이나 정신적으로 큰 피해를 주거나 가족이나 친구들이 위험에 처하게 만들어서는 안 된다.

- **범죄에 맞는 처벌:** 미래에는 범죄의 형벌에 상응하도록 신체의 기능을 고통 없이 변형시킬 수 있을 것이다. 예를 들어, 소매치기는 향후 6년 동안 오른 팔을 쓸 수 없도록 만들고 강도는 향후 8년 동안 다리를 쓸 수 없도록 만들며 강간범은 향후 20년 동안 발기 부전 상태로 만들 수 있다.

- **뇌 세척:** 극단적인 경우 뇌를 깨끗하게 세척한 뒤 다시 시작하는 것만이 유일한 방법일 수 있다. 하지만 걷고 말하고 음식을 먹는 법을 다시 배우도록 만들어야 한다면 도덕적인 문제나 윤리적인 문제가 발생할 수 있다.

위 방법들이 지니는 장점은 가해자가 사회의 생산적인 일원으로 남아 있을 수 있으며 감금에 비해 비용이 상당히 적게 소요된다는 점이다. 이러한 기술은 물론 남용으로 이어질 수 있다. 하지만 제대로 활용한다면 범죄 행위를 시정하는 새로운 대안이 될 것이다.

1,800만 개가 넘는 미국의 법

오늘날 얼마나 많은 법이 있다고 생각하는가?

답을 알고 있다고 생각한다면 당신은 거짓말을 하는 것이다. 그리고 이 세상에 얼마나 많은 법이 있는지 거짓말하는 것을 금하는 법이 있다.

정말로 그러한 법이 있는지는 모르겠지만 그러한 법이 없다고 확신할 수도 없다.

물론 법에 대한 무지가 변명은 아니다. 나는 사람들이 죄책감을 느끼도록 만드는 것이 법 자체인지 아니면 판사가 휘두르는 권력인지 잘 모르겠다.

나도 사실 미국에 얼마나 많은 법이 존재하는지 모른다. 하지만 답을 아는 사람은 없다.

셀 수가 없기 때문이다. 현재 미국에는 법의 중앙 저장소, 공통적인 형식이나 양식, 이용 요구조건 등이 존재하지 않는다. 법이 제정되면 사람들이 관심을 갖기를 바랄 뿐이다.

이것이 혼란스러운 이유는 다음과 같다.

미국에서 현재 운영 중인 정부 단체는 9만 개에 달한다. 모든 시, 군, 주에는 선출된 관리인으로 이루어진 자치 단체가 존재한다.

모든 살아 있는 유기체가 그러하듯 이 정부 단체는 영향력과 주도권, 생존권을 쟁취하기 위해 끊임없이 싸운다.

이 정부 단체는 자체적인 법과 규칙, 규정을 수립하고 실행할 수 있다. 활용할 수 있는 수단이 한정된 정부는 문제를 해결하기 위해 법과 규정에 의존하는 수밖에 없다. 이 9만 개의 단체가 제정하는 법의 수는 가히 상상을 초월한다. 내 친구 한 명은 그 수가 1,800만 개에 달할 거라고 했지만 근거는 어디에도 없다.

이 사회는 이미 현 제도에 상당히 많은 투자를 했고 사람들이 그에 따라 생각하고 행동하도록 세뇌시켰다. 지금 우리는 이 제도를 바꾸기 위한 새로운 제도가 필요하다.

내가 제안하는 제도는 다음과 같다.

사회 운영 체제

컴퓨터 운영체제처럼 법은 모든 시민이 준수해야 하는 코드와도 같다. 컴퓨터 전문가 입장에서는 1,800개의 코드를 지닌 프로그램을 작성하기 위해 1,800만 개의 코드를 사용하는 것이 상당히 비대한 작업처럼 느껴질 것이다.

지금 사법 제도에서는 바로 이러한 일이 발생하고 있다. 비대한 컴퓨터 운영체제처럼, 현 상황을 유지하기 위해서는 지나치게 많은 에너지와 지적 자산이 필요하다.

설상가상으로 이 법을 관리할 중앙 보관소조차 없다. 일부는 법원 캐비닛 안에 종이파일로 존재하며 다른 일부는 책이나 기타 디지털 양식으로 저장되어 있다.

다시 컴퓨터에 비유하자면, 중앙 저장소가 없는 것은 메모리를 저장할 중앙 캐시(고속기억장치─옮긴이)가 없는 컴퓨터를 운영하려는 것과도 같다.

이 경우 운영체제는 오작동하게 되어 있다. 이 운영체제를 바꾸는 유일한 방법은 소스코드를 다시 쓰는 것뿐이다.

해결책 제안: 법을 관리하는 법

현재는 지나치게 많은 법을 제정하지 못하도록 하는 견제와 균형 제도가 없다.

나는 현 제도를 시정하기 위해 다음과 같은 4단계를 제안한다. '법을 관리하기 위한 4가지 법'이다.

1. **공적 사용 조건:** 모든 법은 온라인 중앙 저장소에 게시되어야 한다. 이 웹사이트에 게시되지 않는 법은 실행할 수 없다.

2. **일몰규정:** 지난 20년 동안 적용 또는 시행되지 않은 법은 실행할 수 없으며 항목에서 삭제되어야 한다. 쓸데없는 법을 없앨 경우 새로운 법을 만드느라 시간을 낭비할 필요가 없다.

3. **단순화 규정:** 모든 법은 중학생도 이해할 만한 수준으로 작성되어야 한다. 이러한 수준으로 작성되었다고 인증되기 전에는 법이 발효될 수 없다.

4. 정부 윤리 강령: 어떠한 정부 단체도 자체적으로 법을 시행해 직접적인 수익을 거둘 수 없다. 부의 통제는 부의 소유만큼이나 은밀하게 진행된다. 법을 시행해 직접적인 수익을 거두려고 할 경우 정부의 성격이 바뀌고 인간성은 위태로워지기 마련이다.

5번째 법을 추가한다면 '새로운 법은 실행에 앞서 시험 과정을 거쳐야 한다.'가 될 것이다.

모형 시스템으로 게임 테스트를 해보는 과정은 상당히 의미 있는 일로, 많은 사람이 이 과정에 참여하고 싶어 할 것이다.

게임 디자이너는 이 새로운 과제를 환영할 것이다. 그리고 게임 참여자는 이러한 중대한 프로젝트에 참여하는 것을 즐길 것이다. 정치인들조차도 논리적인 해법을 제공해주기 때문에 이 방법을 기꺼이 받아들일 것이다.

하지만 이 같은 5단계가 모든 것을 해결해 주지는 않는다.

통제 불가능한 것 통제하기

기술은 보통 복잡성을 가중시킨다. 그렇다면 반대로 기술을 통해 기존의 복잡한 법을 합리적이고 관리 가능한 법으로 바꿀 수 있을까?

모든 법을 중앙 저장소에 보관한 뒤 법을 읽고 이해하며 법의 적용 방법을 파악할 수 있는 인공지능 시스템을 개발하면 된다. 스마트폰을 비롯한 기타 인공지능 장치는 우리가 애매한 상황에 놓여 있거나 법을 위반하려고 할 때 알려줄 것이다.

법정 제도와 사법 제도를 알고 있는 기계를 활용할 경우 법을 모르는 것은 변명이 될 수 없다.

하지만 우리가 개인적으로 법을 알 필요는 없다. 다양한 장치가 우리를 대신할 것이기 때문이다. 이 장치들은 우리의 안내자이자, 코치, 심지어 우리의 양심이 될 것이다.

도덕성을 자동화하는 일이 가능할까? 이를 통해 사회의 표준과 인간의 과실을 제어할 수 있을까?

모든 법을 관리하고 실행하는 시스템을 자동화할 경우 인간은 의존적이 될까, 아니면 보다 효율적이 될까?

옳고 그름을 말해줄 수 있는 기계가 등장한다는 생각만으로도 소름이 끼치는가?

내 안의 과격한 철학자는 이것이 최악의 생각이라고 말한다.

하지만 내 안의 기업가는 이 최악의 생각을 상당히 훌륭한 생각으로 바꿀 수 있는 멋진 기회가 존재할지도 모른다고 말한다.

디지털 의식이 향상되면서 모든 국가는 내·외부적으로
최고 수준의 감시를 받게 될 것이다.
그 결과, 정부는 자국민과 관련된 거의 모든 시스템과 절차, 전략을
재고하게 될 것이다.

Z 통찰 - 기반 시설 최적화

Epiphany
Z

우리는 상당히 빠른 속도로 진화하고 있는 21세기에 살고 있지만 20세기, 그리고 19세기의 잔재인 기반시설을 처리하느라 상당한 시간을 소요하고 있다.

하지만 머지않아 곧 무너질 기반시설을 재건하기 위해 수십억 달러를 쓰는 일은 비합리적인 일이다.

기반시설의 저주

우리 집에서 사무실까지 가는 길에는 11개의 신호등이 있다. 그날의 운에 따라 이 신호등의 3분의 2는 빨간색이나 파란색이 되고 그 결과에 따라 사무실까지 가는 데 걸리는 시간은 12분에서 22분까지 차이가 난다. 비교적 짧은 통근거리다.

하지만 시간 설정이 잘못된 신호등 때문에 멍하게 앉아 있어야 하는 수많은 시간은 나를 비롯한 수많은 노동자의 시간과 에너지, 자원의 막대한 낭비를 의미한다. 전부 멍청한 신호등이라는 과거의 기반시설 때문이다.

많은 지역단체에서 이를 지능 교통 시스템으로 전환하기 시작했다. 차량의 흐름에 맞춰 패턴을 계속해서 조정하는 시스템이다. 이러한 변화를 꾀하기 위해서는 해당 도시가 막대한 비용을 부담해야 한다. 하지만 막상 도시 당국은 이로부터 직접적인 이득을 거의 보지 못한다. 이 작은 사례에서 알 수 있듯, 기반시설을 처리하는 데에는 큰 난제가 놓여 있다.

신호등 같은 기존 체제는 유지하고 개선하는 데 많은 비용이 수반될 뿐 아니라 미래를 대비할 수 없게 만드는 장벽이 되고 있다. 이제부터 미래의 기반시설과 이에 따른 유산 시스템의 저주에 대해 살펴보자.

Epiphany
Ⓩ
현 제도 개선하기

현 신호등이 불만인 사람은 나뿐만이 아니다. MIT와 프린스턴 대학의 연구진은 최신 트렌드를 이용해 앱을 개발했다. 계기판에 받침대를 설치한 뒤 스마트폰을 부착해 이를 내비게이션처럼 사용하는 운전자들을 활용한 것이다.

연구진은 GPS에 기반을 둔 스마트폰의 네트워크를 활용해 신호등에 대한 정보를 수집했다. 이 앱은 스마트폰의 카메라가 포착한 이미지를 바탕으로 다음 번 빨간불에 정지하지 않으려면 얼마나 천천히 가야하는지 정확히 예측해 준다.

연구진은 캠브리지, 매사추세츠, 싱가포르에서 총 20대의 차량을 이용해 시그널구루라는 앱을 시험했다. 정해진 시간에 신호등이 바뀌는 캠브리지에서는 빨간불로 바뀌는 때를 거의 정확히 예측한 반면, 교통량에 따라 신호등이 바뀌는 싱가포르에서는 오차가 존재했다.

기반시설의 철학

기반시설은 보통 장기적인 사회 투자로 여겨진다. 우리는 기반시설이 더 효과적이고 기능적인 사회를 구축하기 위한 발판을 닦아줄 거라 생각한다. 보통 한동안은 그렇다.

하지만 기반시설의 형태는 다양하다. 우리는 배관과 전선, 다리, 터널, 건물, 수로를 건설할 때 지금 당장에만 초점을 맞추며 더 나은 방법은 생각하지 않는다.

1. 유선 송전선을 설치하면 무선 송전선을 사용할 거라고 생각하기 어렵다.
2. 우체국 같은 인간 중심적인 배송 제도를 실시하면 무인 자동화 배송 시스템을 생각하기 어렵다.
3. 산을 관통하는 터널을 뚫은 이후에는 산 반대편으로 가는 더 나은 방법을 생각하기 어렵다.
4. 감옥이 지어지면 감옥이 없는 사법 제도를 생각하기 어렵다.
5. 공항이 건설되면 다른 항공 운송방법은 생각하기 어렵다.
6. 고속도로가 지어지면 다른 교통 시설을 생각하기 어렵다.

기반시설은 자체적인 관성을 낳는다. 우리는 현재의 기반시설이 자리를 잡는 순간, 미래의 기반시설은 생각하지 않는다. 우리의 삶은 현재를 중심으로 돌아가기 때문이다.

한 번 내뱉은 이야기를 취소하기란 쉽지 않다.

Epiphany
Z

성우(聖牛) 신드롬

한 사회의 단면을 보여주는 기반시설은 우리의 존재를 입증해주는 문화적 수단이 되기도 한다. 사람들은 기반시설에 감정적으로 투자한다. 기반시설은 안정성과 유용성, 목적을 제공하기 때문이다. 사람들은 무엇보다 기반시설에 재정적으로도 큰 투자를 한다. 그 결과 해당 기반시설의 존속에 따라 생계가 결정되기도 한다.

기반시설이 지어지면 일자리나 수입원, 투자 기회가 발생할 뿐 아니라 새로운 법과 제도, 산업 기준이 수립된다.

오래된 기반시설일수록 다른 것으로 쉽게 대체할 수 없다. 마치 오래된 나무처럼 거대한 뿌리가 자리 잡은 상태이기 때문이다. 기반시설의 세계에는 성우(聖牛; 지나치게 신성시되어 비판 및 의심이 허용되지 않는 관습이나 제도-옮긴이)가 이보다 훨씬 더 많이 존재한다. 성우에는 변화를 거부하는 관성이 내재되어 있다.

Epiphany
Z

짧아지는 생애주기

새로운 기반시설은 구축되는 순간, 남은 생애가 줄어든다. 부식이나 구조적인 마모, 기능적 노후 등의 문제가 서서히 나타나기 시작한다. 유효 수명이 수십 년이나 수천 년으로 정해졌을지 몰라도 모든 기반시설은 결국 낡게 되어 있다.

기반시설의 생애주기가 짧아지고 있다. 현재 가동되는 미국 수력발전 댐의 대부분은 1950년대나 60년대에 건설되었다. 보수와 유지만 잘 하면 앞으로 수십 년 동안은 더 운영될 수 있을 것이다.

하지만 현재 지어지는 쇼핑센터의 유효 수명은 급격히 줄어들어 보통 10년이 지나면 대대적인 보수가 이루어지며 20년이 지나면 완전히 철거된다. 대규모 경기장 역시 마찬가지다. 전문가들은 대규모 경기장의 유효 수명이 50년에서 20년으로 줄어들고 있다고 본다.

저주의 8단계

우리가 살면서 겪는 대부분의 주기처럼 기반시설 역시 다음과 같은 8단계를 거친다.

1. 축하 – 새로운 프로젝트가 완공되면 우리는 새로운 업적을 축하하고 기념한다.
2. 수용 – 사람들은 머지않아 이 기반시설을 삶의 일부로 받아들이기 시작한다.
3. 의존 – 우리는 이 기반시설이 없던 때를 기억하지 못한 채 이에 의존하는 삶을 살기 시작한다.
4. 노후 – 인공적인 구조물은 결국 마모된다. 마모가 시작되면 우리는 이를 대체할 만한 더 나은 대상을 찾는다.
5. 의견 충돌 – 완전히 새로운 것으로 대체하는 것보다는 기존 시설을 보수하는 편이 저렴하기 마련이다. 따라서 새로운 기반 시설을 생각했던 이들은 일단 기다려야 한다.
6. 부인 – 보수가 이루어지는 동안에는 기존에 존재하던 문제를 부인하기 쉽다.
7. 고통스러운 지연 – 다른 곳에서 이미 더 나은 시설이 사용되고 있는데도 새로운 시설 구축에 대한 결정은 계속해서 미뤄진다.

8. 괴로운 변화─결국 새로운 시설을 구축한다는 결정이 내려지지만 대가가 따른다. 변화를 받아들이기란 쉽지 않다. 특히 수많은 사람이 해당 기반시설에 상당한 투자를 했을 경우 더욱 그러하다.

이처럼 문제투성이 노후 기반시설을 대체하겠다는 결정을 한참이 지나서야 내린 결과, 우리는 대가를 치르고 있다. 다음은 그러한 사례 중 하나다.

파괴적인 기술

파괴적인 기술이 기반시설이라는 성우를 공격하기 시작했다. 흥미로운 프로젝트를 몇 가지 소개하겠다. 앞서 살펴본 사례도 일부 있다. 창립자가 현 상황을 바꾸고자 부단히 노력한 경우다.

● **ET3:** '지구에서의 우주여행'이라 불리는 ET3는 진공튜브운송 기술이다. 진공에 가까운 튜브 속에서 자기력을 이용해 차량 크기의 캡슐을 공중에 띄워 빠르게 달리게 하는 것이 핵심 기술이다. 이 운송수단의 속도는 시속 6,437킬로미터에 달할 것으로 예상된다.

● **에올 워터:** 에올 워터 컴퍼니는 특수 풍력 터빈을 개발했다. 이 터빈은 대기로부터 하루 최대 1,000리터의 식수를 추출할 수 있다.

● **적층 도형:** 서던캘리포니아대학교의 베록 코시네비스 교수가 개발한 적층 도형은 3D 프린팅과 비슷한 제조 기술로 건물을 비롯한 기타 주요 기반시설을 건설하는 데 사용될 수 있다.

● **구글의 무인차량:** 구글은 100건이 넘는 개별 실험과 250,000시간의 주행 끝에, 교통 체제를 영원히 뒤바꿀 파괴적인 시스템을 제안했다. 사실 구글의 진짜 목적은 미래의 무인 차량에 장착될 안드로이드 같은 운영체제를 개발하는

것이다. 모든 차량이 자동화되면 도로와 고속도로를 건설하는 방식도 크게 바뀔 것이다.

- **블루시드:** 페이팔의 창립자 피터 실이 자금을 댄 블루시드는 세계 각지의 기술 인력들이 취업비자 없이 일할 수 있는 해상 도시를 제안한다. 첫 번째 도시는 실리콘밸리 인근에 지어질 것이다. 이 해상 도시는 기존 시스템을 파괴할 새로운 기반시설이 될 것이다.

- **공중투하 관개 시스템:** 제임스 다이슨 혁신상을 수상한 에드워드 리나크레는 대기에서 물을 추출해 주변 식물에 수분을 공급할 수 있는 저렴한 자기 제어 관개 시스템을 개발했다.

- **비트코인:** 비트코인은 가치가 변동하는 가상 통화다. 많은 투자자들이 비트코인이 유로화보다 안전하다고 생각하고 있으며, 우리는 현실에서도 비트코인으로 물건을 구매할 수 있다. 비트코인은 분산화되어 있으며 은행이나 정부 단체가 아니라 알고리즘이 공급을 통제한다는 장점이 있다.

이 세상은 주요 기반시설을 중심으로 돌아간다. 기반시설은 막대한 가치를 지니고 있지만 유지비용이 많이 들고 바꾸기 쉽지 않으며 미래에 대한 우리의 생각을 제한시킨다.

결국에는 기반시설의 변화가 이루어질 것이다. 그리고 이러한 변화로부터 직접적인 영향을 받는 사람은 큰 대가를 치를 것이다. 이러한 변화는 상당히 고통스러울 수 있다. 하지만 기반시설의 수명은 점차 짧아지고 있으며 파괴적인 기술은 훨씬 더 정교해지고 있다.

'새로운 기반시설은 많은 이들에게 막대한 이득을 선사할 것이다. 파괴적인 기술을 선보이는 이들은 이를 통해 이득을 취하고자 할 것

이다. 2030년이 되면 핵심 기반시설은 과거의 변화와는 비교도 할
수 없을 정도로 큰 변화를 겪을 것이다.'

성우는 자유의 몸이 되고 있다. 미래에는 지금과는 상당히 다른 기반시설이
등장할 것이다.

2050년, 기반시설의 미래

기반시설의 생애주기는 짧아지고 있으며 파괴적인 기술은 더욱 정교해지고 있다.

핵심 기반시설이 변하는 방식과 이 변화가 해당 국가와 산업에 미치는 영향을 다음의 10가지 사례를 통해 살펴보자.

1) 무인 자동차와 고속도로

로마 제국이 영구적인 기반시설로서 도로를 구축한 이후로 도로 건설 기술은 계속해서 향상되고 있다. 하지만 오늘날의 고속도로는 자동차와 도로 사이에 정보의 교류가 없는 한정적인 시설에 불과하다.

무인 운전 기술도 처음에는 운전자가 필요할 것이다. 그러나 에어백이 그러했듯이 점차 일상의 모습으로 자리 잡을 것이다. 에어백도 처음에는 고급차의 옵션으로 장착되었다가 이제는 정부가 모든 차량에 설치하도록 규정한 안전장치가 되었다. 운전자가 운전대에서 손을 뗄 수 있게 될 때 우리는 무인 운전 기술이 제공하는 혜택을 온전히 누리게 될 것이다.

자동차 사고를 당하는 사람이 해마다 수백만 명에 달한다. 따라서 머지않아 정책입안자들은 이 문제를 해결하기 위한 보다 안전한 수단으로 무인 자동차를 고려할 것이다.

무인 기술이 장착되는 차량에는 중요한 변화가 발생할 것이다. 운전자가 없을 경우 자동차는 주변 상황을 스스로 파악해야 한다.

내장된 컴퓨터는 카메라를 비롯한 기타 센서를 이용해 단거리 송신기로부터 주변 도로 상황을 제공받을 것이다. 다른 차량이 어디에 있으며 무엇을 하고 있는지 등 끊임없는 정보의 흐름 덕분에 자동차는 기초적인 인지능력을 갖추게 될 것이다.

이처럼 감각 정보가 지속적으로 제공되면서 자동차는 주위 환경과 공생적인 관계를 맺게 될 것이다. 기존의 인간과 도로 간의 관계와는 차원이 다른 관계다. 지능적인 도로와 결합한 지능적인 차량은 강력한 힘을 지닌다. 이러한 차량은 독창적인 방법으로 사회의 기동성을 높여줄 것이다.

- 차선 단축-고속도로의 차선은 차량의 폭 만큼만 넓으면 된다. 폭이 좁은 차량은 좁은 차선을 다닐 수 있다. 지능 도로 시스템을 도입할 경우 다양한 크기와 형태의 차량에 따라 차선의 폭이 바뀌게 될 것이다.
- 차량 간 간격 단축-기계가 제어하는 자동차에서는 차량 간의 간격이 몇 센티미터 수준으로 줄어들 수 있다.
- 시간 단축-스마트 도로는 빠른 도로다. 이동 속도가 빨라지는 동시에 안전성은 향상될 것이다.

무인 자동차 시대의 지능 고속도로는 오늘날에 비해 50배에서 100배나 많은 차량을 수용할 수 있을 것이다. 자동차 안전에 대한 기존의 생각과는 정반대로, 속도가 빨라지면서 차량의 수는 줄어들 것이다.

필요한 시간과 차선이 줄어들면서 도로 면적당 훨씬 많은 승객을 운송할 수 있을 것이다.

승객뿐 아니라 도로 역시 무인 자동차 기술로부터 큰 혜택을 볼 것이다. 자동차는 끊임없이 도로 상황을 감시하면서 보수가 필요한 때를 즉시 감지할 것이다.

지금처럼 움푹 패인 도로를 비롯한 기타 문제가 심각해진 후에야 수리반이 투입돼 몇 시간이나 며칠 동안 보수 작업을 하느라 교통을 지체시키는 대신 매일, 혹은 시간마다 소규모 보수 작업이 이루어질 것이다. 교통 체증 속에서도 도로 표면을 초고속으로 보수하고 칠할 수 있을 것이다. 심지어 눈과 얼음으로 덮인 위험한 도로 상황 역시 제빙 시설을 즉시 투입해 교통이 원활히 이루어지도록 할 경우 큰 영향을 미치지 않을 것이다.

2) 진공관 운송 시스템

테슬라 모터스의 CEO 엘론 머스크는 초고속열차 하이퍼루프를 개발 중이라는 정보를 은밀히 유출했다. 그는 비밀을 엄수해야 한다며 세부 사항을 밝히지 않는 등 다소 과장되게 이를 포장했고, 그 결과 그의 의도대로 언론에서 이를 앞다투어 보도했다. 캘리포니아와 샌프란시스코를 연결하는 상당히 고가의 초고속 철도가 캘리포니아에 지어질 거라는 소식에 초조해진 엘론 머스크의 결정이었다.

엘론 머스크의 하이퍼루프가 주요 기사를 장식하기는 했지만 일부 기자들은 콜로라도 롱몬트에 본사를 둔 ET3의 데릴 오스터 회장이 이와 비슷한 진공관 운송 시스템을 이미 제안했다고 지적하기도 했다.

3) 대기 식수 수확 시스템

지구상의 물 중 담수는 2퍼센트에 불과하다. 게다가 그 중 4분의 1만을 식수로 활용할 수 있다.

지금까지 인간은 지구에 존재하는 물의 0.5퍼센트만을 이용했다. 하지만 상황이 바뀌고 있다.

대기에서 물을 추출할 수 있는 시대에 진입한 것이다. 우리 조상들은 사실 수천 년 전에 이 기술을 처음으로 이용했다. 중동인과 유럽인들은 2,000년 전에 독창적인 공기 우물 시스템을 고안했으며, 잉카 제국 사람들은 이슬을 받아 물탱크에 저장해 둠으로써 물 부족에 시달리는 일이 없었다고 한다.

대기에서 물을 추출하는 기술은 이처럼 이미 오래 전에 발명되었지만 그 이후 큰 발전이 없었다. 이제 많은 사람들이 자체 식수 공급이 가능한 집, 자체 관개 농작물, 심지어 '물이 없는' 도시를 생각하기 시작하고 있다. 지구의 대기는 강, 저수지, 지하수로보다 훨씬 나은 배수 시스템이기 때문이다.

현 시스템은 배관과 펌프장을 필요로 한다. 이 시스템은 운영비와 유지비가 많이 들며 오염될 가능성도 높다. 반면, 공기 중에는 항상 약 37,500조 갤런의 담수가 존재한다. 우리는 이를 적극 활용할 필요가 있다.

새로운 발명가가 등장해 이 문제를 해결하고 있다. 태양열, 풍력을 비롯한 기타 비활성 에너지를 사용하는 미래의 물 네트워크는 오늘날보다 훨씬 효율적이고 편리할 것이다. 오늘날의 강철 배관은 머지않아 대기 배관으로 대체될 것이다. 우리는 염소 맛이 나는 물을 먹어야 했던 때를 기억조차 하지 못할 것이다.

4) 마이크로 대학

페이스북은 가상현실 기업인 오큘러스 리프트를 20억 달러에 인수한다고 발표했다. 이는 해당 기술을 공식적으로 승인하는 조치였다. 이러한 발표가 있은 후 가상현실 설계자, 개발자, 기술자의 수요가 급증했다. 2014년에는 가상현실 분야의 전문가들이 뜨는 직종에 속하지 못했지만 2020년에는 분명 인기 있는 직종으로 부상할 것이다.

구글과 페이스북이 태양열 드론 기업인 타이탄과 어센터를 각각 인수한다고 발표했을 때도 마찬가지였다. 태양열을 이용한 드론 기술자, 드론 운전자, 공중권 로비스트, 전 세계 네트워크 계획자, 분석가, 기술자, 군수전문가에 대한 수요가 급증했다.

이처럼 대담한 조치를 취하는 기업들 덕분에 최첨단 산업에 적합한 기술을 갖춘 인재들에 대한 수요가 빠르게 증가하고 있다.

테슬라사 자동차가 전자동 건전지 공장을 짓겠다고 발표하고, 인텔이 웨어러블 기술 기업인 베이직 사이언스를 매수하고, 애플이 닥터 드레의 비츠 일렉트로닉스를 인수하고, 구글이 드롭캠, 네스트, 스카이박스를 매수하면서 업계는 대학에서 가르치는 기술과는 완전히 다른 기술에 대한 수요를 예측하고 있다.

이렇게 빠르게 발전하는 분야에서 5~6년 후 업계에서 필요한 기술을 예측하기란 불가능하다. 이는 대부분의 대학에서 새로운 학위 프로그램을 개발하고 첫 졸업자를 배출하는 데 걸리는 시간이다. 반면, 새로운 기술이 변화하는 주기는 보통 3~4개월로 상당히 짧다.

해마다 100만 명의 사람이 경력을 바꾸고 있다. 오랜 시간을 요구하는 기존 대학은 시간에 쫓기는 이 근로자들에게 적합한 해결책이 아니다. 이러한 상황에서 마이크로 대학이라는 새로운 형태의 단기간 교육 방법은 막대한 기회를 제공할 것이다.

5) 우주 발전소

지구의 전력 사용량은 계속해서 증가하고 있다. 전 세계 전력 사용량은 1960년대 이후로 4배가 되었으며 많은 국가에서 이 수요를 충족시키기 위해 대형 제유 공장과 석탄 공장을 짓고 있다. 후쿠시마 원전 사고 후 석탄과 석유 매장량이 크게 줄어든 일본의 경우, 가장 실질적이고 장기적인 전략은 우주 발전소를 건설하는 것이라는 분석 결과가 나왔다.

일본 우주항공연구개발기구(JAXA)는 최근 세계 최초로 우주에 1기가와트 발전소를 건설하겠다는 25년 계획을 발표했다. 우주에서 태양열을 추출해 이를 지구로 보내겠다는 생각은 1968년 피터 글레이저 박사가 처음 제안한 이후 계속되어 왔다.

하지만 1970년대에 수많은 연구를 진행한 결과 과학자들은 아직은 기술이 충분하지 않기 때문에 불가능하다고 결론 내렸다. 자재가 너무 무거운 데다 수천 개의 로봇을 작동할 우주 비행사가 백 명이 넘게 필요했기 때문이다.

이제는 관련 기술이 크게 발전했다. 덕분에 우주 발전소를 짓는 것이 가능하게 되었을 뿐 아니라 일본 입장에서는 자국의 운명을 뒤바꿀 수 있는 최선의 선택이 되고 있다. 사실 우주에 설치한 태양열 전지판은 지구에 설치한 태양열 전지판보다 10배나 효율적이다. 우주는 낮과 밤, 계절의 변화가 없을 뿐 아니라 날씨의 영향을 받지 않기 때문이다.

많은 국가가 일본만이 우주 발전소를 구축한다는 사실을 달가워하지 않을 것이다. 이들은 적극적으로 자신만의 우주 발전소를 짓기 위해 노력할 것이다. 첫 번째 시도가 성공할 경우 그 다음 10개, 그 다음 100개는 훨씬 더 빠르고 저렴하게 건설할 수 있을 것이다.

6) 드론 배송 네트워크

국제 무인기 협회에 따르면, 드론의 상용화가 승인되면 3년 내에 수십 억 달러의 가치를 지닌 산업이 탄생할 것이며, 그 결과 수십 만 개에 달하는 새로운 제조업 일자리가 생겨날 것이다. 그뿐만 아니라 드론 조종사, 드론 농사 전문가, 드론 보안가, 드론 자료 분석가, 드론 모기 퇴치기 등에 대한 수요도 증가할 것이다.

7) 대량 에너지 저장

에너지 저장 산업은 현재 초기 성장 단계에 진입하고 있다. 이는 향후 거대한 글로벌 산업이 될 것이며 기존의 에너지 생성, 운송, 배송 시스템을 보완하는 한편 이와 경쟁할 것이다.

이 산업이 발전하면서 향후 10년 내에 환경에 미치는 피해를 줄이면서도 비용 효율적이면서도 신뢰할 만한 에너지 저장 시설을 구축하고 활용하며 운영하는 새로운 비즈니스 모델과 기업이 탄생할 것이다.

8) 글로벌 언어 저장소

우리가 사용하는 언어는 우리에게 숨 쉬는 공기와도 같다. 어느 날 아침 눈을 떴는데 공기가 사라져 버린다면 어떠한 일이 발생할까? 연구자들은 향후 500년 내에 에트루리아어에서부터 태즈메이니아어에 이르기까지 지구상에 존재하는 언어의 절반이 사라질 거라고 예측한다.

젊은 세대가 자국어 대신 영어나 중국어, 스페인어를 사용하면서 앞으로 50년 후에는 약 3,500개의 언어가 지구상에서 완전히 사라질 것이다. 따라서 이 언어들을 저장할 수 있는 '언어의 루브르 박물관'이 필요해질 것이다.

9) 지구 전체 족보 프로젝트

오늘날 족보 업계에서는 수많은 노력이 동시다발적으로 일어나고 있다. 앤시스트리닷컴, 루츠웹, 지니올로지뱅크, 내셔널 아카이브 같은 웹사이트에는 이미 상당한 양의 자료가 존재한다. 하지만 우리에게는 더 큰 기회가 있다. 우리는 족보 생성 과정을 자동화할 수 있을 지도 모른다.

10) 1조 센서 기반 시설

지난 6년 동안 닌텐도 위나 아이폰 같은 사물에서 사용되는 센서의 수가 1,000만 개에서 35억 개로 증가했다. 페어차일드 반도체의 야누스 브라이젝 부사장이 '1조 센서 회담'을 주최한 이유가 바로 이 때문이다. 브라이젝 부사장은 센서의 개수가 2024년까지 1조 개, 2036년 중반까지는 100조 개에 달할 거라고 예상하고 있으며 이 신흥 산업을 관리할 일·이차적 직업이 수백 만 개 탄생할 거라고 본다.

내가 나열한 프로젝트는 극히 일부에 불과하다. 이집트에 피라미드를 건설하는 일이든, 중국에 만리장성을 쌓는 일이든, 인류를 달에 보내는 일이든, 모든 거대한 프로젝트는 인류를 정의하고 다음 세대의 목표 기준을 높일 것이다.

우리는 역량이 높아지면서 목표를 상향 조정해야 할지도 모른다.

2050년이 되면 우리의 핵심 기반시설은 그 동안의 변화와는 비교할 수 없을 정도로 큰 변화를 겪을 것이다.

이제부터 앞서 살펴본 미래의 기반시설 중 하나를 자세히 살펴보겠다. 하지만 이는 지구와 문명, 사회, 그리고 우리의 삶을 바꿀 수많은 프로젝트 중 하나에 불과하다는 사실을 잊지 마라.

1억 개의 직업이 걸려 있는,
세상에서 가장 큰 기반시설 프로젝트

엘론 머스크와 데릴 오스터는 차세대 운송 시스템을 구상 중이다. 특수 제작된 차량을 진공관에 넣은 뒤 로켓처럼 목적지까지 발사시키는 방법이다.

초고속 열차의 속도는 현재 시속 483킬로미터에 이르지만 이 진공관 열차의 속도는 자그마치 시속 6,437킬로미터에 달할 수 있다. 데릴 오스터가 가히 '지구에서의 우주여행'이라 부를 만하다.

물론 이 진공관 열차는 속도, 전력 소모량, 오염, 안전 면에서 다른 교통수단을 능가할지 모른다. 하지만 현재는 기반시설이라는 가장 큰 요소가 없는 상태다. 이 진공관 열차를 운행하려면 160,934.4킬로미터가 넘는 철로를 연결할 수 있는 진공관 네트워크가 필요하다.

많은 이들이 이를 큰 난관으로 생각하겠지만 사실 여기에는 큰 기회가 존재한다.

이 진공관 네트워크를 구축하는 것은 사상 최대 규모의 프로젝트다. 이 프로젝트를 완성하는 데 족히 50년은 걸릴 것이며 1억 명이 넘는 노동자가 필요할 것이다.

하지만 이보다 훨씬 중요한 문제가 있다.

운송 트렌드

《창조적 변화를 주도하는 사람들(The Rise of the Creative Class)》의 저자, 리처드 플로리다의 말에 따르면, 1850년 미국 운송수단의 평균 속도는 시속 약 6.4킬로미터였다고 한다. 1900년이 되자 자동차와 기차가 등장하면서 이는 두 배로 뛰어 시속 약 12.9킬로미터가 되었으며, 1950년에는 헨리포드가 주도한 자동차 시대와 신흥 항공 사업 덕분에 세 배가 되어 시속 약 38.6킬로미터가 되었다.

2000년이 되자 항공 교통이 훨씬 대중적이 되면서 평균 속도는 껑충 뛰어올라 시속 약 120.7킬로미터가 되었다. 이 정도 추세라면 다음 번 교통수단이 등장할 경우 평균 속도가 시속 약 362.1킬로미터가 넘을 것으로 예상된다.

그렇다면 완전히 새로운 차원의 속도와 효율성을 가져다 줄 차세대 교통수단은 무엇일까? 정답은 진공관 운송이 될 거라고 생각하는 사람이 많아지고 있다.

Epiphany

Ｚ

진공관 열차의 초기 역사

이러한 형태의 미래 교통수단은 거의 한 세기 동안 '진공관 열차'라고 불렸다. 보리스 와인버그 러시아 교수는 1914년 저서 《마찰 없는 움직임(Motion Without Friction)》에서 이 개념을 제안했으며 1909년에는 톰스크 대학에서 초창기 모형을 만들기도 했다.

미국 항공우주의 개척자인 로버트 고더드 역시 '진공관 열차'를 연구했는데, 그는 대학생들과 구체적인 시제품을 만들기도 했다. 그는 이 열차가 보스턴에서 뉴욕까지 평균 시속 약 1,609킬로미터로 12분 만에 이동하도록 설계했다.

1945년, 고더드가 사망한 다음에야 이 열차의 설계도가 발견되었는데, 얼마 안 있어 그의 아내가 특허를 신청했다. 진공관 열차는 랜드 연구소(국제 과학 기술 정책을 논의하기 위해 민간 차원에서 설립한 싱크 탱크 기구─옮긴이)에서 일하던 로버트 M. 살터가 1972년과 1978년에 이를 다룬 구체적인 기사를 쓴 후 다시 화제가 되었다.

진공관 열차는 과학 소설에도 등장했다. 아서 C. 클라크의 《구조대(Rescue Party), 1946》, 레이 브래드버리의 《화씨 451(Fahrenheit 451), 1950》, 로버트 A. 하인라인의 《금요일(Friday), 1982》가 유명하다.

진공관 열차 시대의 개막

데릴 오스터는 1980년대에 대학에서 기계공학 수업을 듣던 중 깨달음의 순간을 맞이했다. 그는 풍동에서 다양한 형태의 물체로 항력 계수를 계산하고 있었는데, 장난삼아 공기의 밀도를 0으로 놓은 순간 번뜩이는 아이디어가 떠올랐다. 진공 상태로 이동하게 되면 얼마나 좋을지 문득 생각난 것이다.

그는 그 후 수십 년 동안 진공 터널과 자기부상 철로를 설계하기 위해 노력했다. 마찰 없는 이동의 큰 장점을 활용할 수 있는 방법을 연구했으며 1997년에는 ET3의 전신에 해당되는 기업을 설립하기에 이르렀다.

2012년 오스터는 인허가 컨소시엄으로 ET3 글로벌 얼라이언스를 창립해 전 세계의 핵심 기업과 인재가 참여할 수 있는 기회를 제공했다. ET3 덕분에 기술과 지적 자산을 쉽게 모을 수 있게 되었을 뿐만 아니라 기술의 인허가도 용이해졌다.

ET3가 구상하는 진공 튜브 운송 기술에는 3가지 차별점이 있다. 첫째, 무게를 줄이고 진공 효율성을 극대화하기 위해 좁은 튜브를 사용한다. 진공관 열차는 지름이 12.7센티미터 밖에 되지 않는 좁은 튜브 덕분에 진공 펌프량이 적으며 철탑과 교량 지지대가 가벼울 뿐 아니라 지하로 내려가거나 산맥을 관통할 때 필요한 천공 작업량 역시 적다.

둘째, 캡슐이 상당히 작다. 진공 튜브 운송에 사용되는 캡슐은 중형차량 정도의 크기로 높이는 약 1.3미터, 길이는 약 5미터밖에 되지 않는다. 덕분에 초전도성을 유지하기 위해 장착하는 이트륨 바륨 구리 산화물 같은 물질과 생명 유지 장치, 오락 시설에 드는 비용이 적다.

캡슐 하나당 승객 6명, 혹은 수화물 3개를 실을 수 있는데, 승객과 수화물을 포함한 최대 무게는 약 549.8킬로그램이다. 작은 캡슐 덕분에 전체 시스템에 부담되는 비용이 줄어들어 막대한 비용 절감이 가능하다. 초고속 철도를 건설하는 데 드는 비용의 10분의 1, 고속도로를 건설하는 데 드는 비용의 4분의 1에 불과하다.

마지막 차별점은 고온 초전도 자기부상을 사용하는 것이다. 이는 ET3의 실시권자 야오핑 양이 중국 서남교통대학교에서 개발한 기술로, 액체 헬륨 대신 액체 질소를 냉각제로 사용해 시스템이 63K(-321℃)에서 77K(-346℃)로 운영되도록 하는 것이다. 질소가 끓지도 얼지도 않는 온도다. 기존의 자기부상은 훨씬 더 비싼 헬륨을 사용한다. 이 캡슐에는 초전도 물질이 장착될 것이다.

Epiphany

Z

하이퍼루프의 탄생 배경

엘론 머스크는 2012년 6월, 캘리포니아 산타 모니카에서 열린 판도데일리 행사에서 하이퍼루프라는 '5번째 교통수단'을 구상 중이라고 말했다.

그는 자신이 원하는 초고속 운송수단의 특징을 일부 언급했다. 날씨에 구애받지 않고 절대 부서지지 않으며 평균 속도가 제트기의 2배이고 24시간 동안 운영 가능한 에너지를 저장할 수 있는 열차였다. 그는 하이퍼루프를 만드는데 드는 비용이 60억 달러에 이를 거라고 예상했다.

머스크는 하이퍼루프란 '콩코드(초음속 여행기—옮긴이)와 레일건(전기의 힘을 이용해 탄환을 발사하는 무기—옮긴이), 에어하키 테이블(오락실에서 볼 수 있는 에어하키 게임대—옮긴이)'을 합친 것과 같되, 선로가 필요 없는 운송수단이라고 말했다. 그는 하이퍼루프가 지상과 지하 양측에서 운영 가능하다는 사실도 언급했다. 2012년 말부터 2013년 8월까지 테슬라사와 스페이스엑스의 기술자들은 하이퍼루프의 개념을 모형화하는 작업에 전념했다.

튜브는 고도 45.7킬로미터에서의 압력에 맞먹는 진공압을 유지하게 되어 있다. 이는 상당히 얇은 공기이지만 ET3에서 제안한 진공보다는 천 배나 짙기 때문에 공기의 누출과 에어록(용기 내외의 압력차를 유지하여 문 개방 시 급속한 기체의 유출입을 막으며 내부 공기가 직접 외부공기와 접촉되지 않도록 되어 있는 구조-옮긴이)을 통한 캡슐의 유출입을 쉽게 관리할 수 있다. 하지만 이 극소량의 공기조차 캡슐에 큰 부담이 될 수 있기 때문에 캡슐에는 436마력의 모터가 장착된 진공 엔진이 탑재되어 있다.

2013년 8월 12일, 테슬라사와 스페이스엑스 블로그에 올라온 백서를 통해 이 시스템의 알파 디자인이 공개되었다. 머스크는 이 오픈 소스 디자인 프로젝트에 대한 피드백을 환영했다. '사람들이 이를 개선시킬 수 있는 방법을 제안할 수 있는지' 보기 위해서였다.

다음 날 그는 이 개념을 현실화한 모형을 구축하겠다는 계획을 발표했다.

세상에서 가장 큰 기반 시설 프로젝트

기술이 새로운 기준으로 자리 잡으면 모두가 참여하고 싶어 한다. 최첨단 기술이 그러하듯 진공관 열차 역시 공평한 경쟁의 장에서 시작된다. 시범 프로젝트가 실행되면 머지않아 도시를 연결하는 프로젝트가 진행되고, 이 프로젝트가 성공하면 다른 프로젝트가 뒤를 잇는다. 국가를 이어주는 간선을 구축하기 위해 글로벌 컨소시엄이 소집되고, 개별 국가는 대륙을 이어주는 중앙 시스템을 따라 지선을 계획하기 시작한다.

몇 년 내에 이는 구체적인 현실로 바뀌고, 과거에 도로를 건설할 때처럼 전 세계적으로 관련 학교를 비롯한 교육 단체가 생겨나면서 도로가 건설되기 시작된다. 각국이 이 새로운 교통수단을 활용하기 위해 너도 나도 참여하면서 주요 간선이 완공되기도 전에 전체적인 지선이 생겨나기 시작할 것이다.

최상의 시나리오에서조차 이 모든 것이 완료되기까지는 수십 년이 걸릴 것이다. 이 새로운 교통수단을 구축하는 데에는 1조 달러가 넘게 소요될 것이며 50년 동안 1억 개가 넘는 일자리가 창출될 것이다.

고도로 연결된 사회의 가치

빠르고 저렴한 운송수단은 오염을 낮추고 이산화탄소 배출량을 급격히 줄여줄 뿐 아니라 고도로 연결된 사회를 낳을 것이다. 매년 국경을 건너는 사람의 수는 수백만 명에서 수십억 명으로 증가할 것이며, 7개의 대륙에서 동시에 사업을 운영하는 것이 타 문화를 수용하는 자세만큼이나 평범해질 것이다.

고도로 연결된 사회는 독립적이면서도 '상호의존적인' 사회다. 사람들은 그 어느 때보다도 서로를 필요로 하고 존중하는 법을 배우게 될 것이다. 그렇다고 해서 이러한 사회에 반대하는 열외자들이 사라지지는 않겠지만 대부분의 사람이 생각하는 이웃의 기준은 확대될 것이다.

독특한 재능은 더욱 쉽게 눈에 띌 것이다. 장인은 자신만의 길을 갈고 닦을 수 있을 것이다. 뜻밖의 발견은 더욱 자주 일어날 것이며 평생에 단 한 번뿐인 회의와 사건 역시 더 자주 발생할 것이다. 물리적 · 디지털 인식의 수준이 높아지면서 전 세계 사람의 IQ는 크게 증가할 것이다.

Epiphany

Z

수지맞는 장사

1972년, 랜드 연구소의 로버트 살터는 "우리는 더 이상 열과 화학물질, 소음으로 공기를 오염시켜서는 안 된다. 길을 만들기 위해 황무지와 경작지를 없애서도 안 되며, 한정된 화석 연료를 흥청망청 낭비해서도 안 된다."라고 말했다.

오늘날 미국의 인구는 1970년대에 비해 50퍼센트 증가했다. 미국 항공기의 승객 이동거리는 20퍼센트 증가했고, 우리가 2배나 많은 차량을 이용하며 이동한 거리는 전체적으로 250퍼센트나 증가했으며, 대기 중의 이산화탄소 농도는 21퍼센트 증가했다.

진공관 운송은 훌륭한 아이디어일 뿐 아니라 도덕적 의무가 되고 있다. 선박과 비행기는 자연을 통한 회복보다 빠른 속도로 바다와 대기를 오염시키고 있다. 진공관 운송수단은 이 모든 것을 해결해줄 뿐 아니라 수억 개의 일자리도 창출할 것이다.

무엇보다도 투자한 만큼 비용이 절약될 것이다. 수지가 맞는 장사인 것이다. 투표를 한다면 나는 찬성표를 던질 것이다.

사람들의 인식이 높아지면서 각국은 그동안 당연하게 여겼던
자국민을 확보하기 위해 경쟁하게 될 것이다.

이에 빠르게 대응하지 못하는 국가는 글로벌 시장에서 경쟁하는 데
필요한 인재를 잃게 될 것이다.

기술적 실업이 증가하면서 각국은 현재와 미래의 젊은이들을 계속
해서 고용할 수 있는 대형 프로젝트를 찾을 것이다.
신흥 기술과 자동화는 미래의 대형 프로젝트를 저렴하면서도
실현 가능하도록 만들어줄 것이다.

Epiphany Z

Z 통찰 - 인류 최적화

사람의 목숨이 지닌 가치

사람의 목숨이 지닌 가치는 얼마나 될까?

이 질문이 불편하게 느껴지는 사람도 있을 것이다. 한 사람의 삶을 돈으로 환산해야 하기 때문이다. 인간의 삶에는 보통 완전히 다른 방식으로 가치가 부여된다. 하지만 정부와 기업이 매일 하는 일이 바로 이것이다. 보험 회사가 보험료를 산정하고 군대가 예산을 책정하고 판사가 벌금을 계산할 때마다 사람의 목숨이 지닌 가치가 의사 결정에 큰 영향을 미친다.

사실 우리는 매일 무의식적으로 사람의 가치를 계산한다. 다음의 문장은 우리의 머릿속에서 일어나고 있는 가치 판단을 보여준다.

- 이 교육을 이수하면 연봉이 오를 것이다.
- 시장이 죽었을 때 그가 소유한 부동산의 가치는 수백 만 달러에 달했다.
- 7명의 자녀를 키운 미혼모는 어마어마한 유산을 남겼다.

물가상승을 감안하여 인기 있는 브랜드에 더 많은 돈을 지불하는 것과 마찬가지로 우리는 머릿속에서 사람의 목숨이 지닌 가치를 끊임없이 재조정한다.

인도네시아 노숙자가 지닌 가치와 미국 대통령이 지닌 가치는 1조 이상 차이가 난다고 보는 사람이 있는 반면, 이들이 동일한 가치를 지닌다고 보는 사람도 있다.

인간의 삶이 지닌 가치를 기하급수적으로 증가시키는 7가지 변화가 전 세계적으로 일어나고 있으며, 이와 함께 기업의 의사결정 과정 역시 큰 변화를 겪고 있다.

이제부터 미래에 이것이 왜 중요해질지 설명하겠다.

Epiphany

Z

사람의 목숨이 지닌 가치가
기하급수적으로 증가하는 7가지 이유

우선 노벨 경제학상을 수상한 밀턴 프리드먼과 젊은 마이클 무어가 사람의 목숨이 지닌 가치를 두고 논쟁을 펼치는 영상을 살펴보자. 무어는 1970년대에 포드 자동차 회사가 내린 결정에 반대했다. 포드 자동차는 차량 한 대당 11달러를 써 핀토 차량 연료 탱크의 디자인을 바꿀 경우 연료 탱크의 폭발 가능성을 낮출 수 있었지만 손익 비용 분석을 바탕으로 그렇게 하지 않기로 결정했다. 프리드먼은 무어에게 사람의 목숨이 지닌 가치를 무한대가 아니라 지나치게 낮게 측정(200,000달러)한 것이 불만이 아니냐고 말했다.

무어는 프리드먼의 말에 동의하는 듯 했지만 포드 임원이 핀토 차량 구입자의 운명을 쉽게 결정해서는 안 되며 핀토 차량이 불에 탈 경우 발생할 사망이나 사상을 막는 것은 기업의 위험 분석 과정에서 제안한 것보다는 의미 있는 일이라고 주장했다. 무어는 핀토 차량 구입자의 대부분이 연료 탱크 문제를 시정하는 데 드는 추가비용 11달러를 기꺼이 부담할 거라고 생각했다.

포드는 사실 이 같은 결정을 내리기까지 무어의 주장보다 훨씬 더 복잡한 과정을 거쳤다. 자동차를 설계할 때에는 안전을 희생하는 대신 수천 가지 다른 결정이 이루어지기 마련이다. 100퍼센트 안전을 실행하기란 불가능할 뿐 아니라 비용 절감은 언제나 중요한 요소이기 때문이다.

하지만 이 비용 중심적인 분석방법은 인간의 가치가 200,000달러에서 20억 달러로 껑충 뛸 경우 상당히 다른 양상을 띠게 된다.

모두가 오늘날 자신의 삶이 지닌 가치가 궁금할 것이다. '삶의 가치'를 결정 짓는 일부 요인을 살펴보자.

1) 출생률 감소

전 세계 인구는 계속해서 증가하고 있다. 현재 영국은 세상에서 가장 다양한 이민자가 살고 있는 나라로, 영국 국민의 8분의 1이 이민자다.

하지만 가장 중요한 변화는 선진국에서 발생하고 있는 인구 감소다. 한 국가의 인구는 가족당 자녀 2명을 낳아야 유지될 수 있다.

세계은행에 따르면, 전 세계에서 인구밀도가 가장 높은 국가들의 출생률은 다음과 같다.

1. 한국(1.19)
2. 일본(1.43)
3. 태국(1.56)
4. 러시아(1.60)
5. 중국(1.69)
6. 브라질(1.81)
7. 칠레(1.85)
8. 영국(1.91)
9. 미국(1.93)
10. 스웨덴(1.98)

11. 프랑스(2.00)

12. 인도(2.48)

인도를 제외한 나머지 11개 국가의 인구는 향후 감소할 것이다. 출생률이 감소하면 아이들이 귀해지고 삶의 가치는 높아질 것이다.

2) 글로벌 연결성 증진

우리 각자에게는 팬클럽이 있다. 그들은 나를 걱정하고 나는 그들을 걱정한다. 과거에는 일차적으로 영향을 미치는 사람이 '던바의 법칙(인류학자 로빈 던바(Robin Dunbar)가 주장한 것으로, 진정한 사회적 관계를 맺을 수 있는 최대치는 150명이라는 주장—옮긴이)'에 따라 150명에서 250명에 불과했다.

오늘날에는 소셜 미디어 덕분에 끈끈한 관계뿐 아니라 전 세계 사람들과의 약한 유대까지도 포함하도록 우리의 팬클럽이 확장되었다. 고도로 연결된 미래 세상에서는 개인의 네트워크가 지니는 가치가 훨씬 더 정량화될 것이며 오늘날 우리가 연결성을 구축하는 데 사용하는 방법보다 더 높은 가치를 지닐 것이다.

3) 기술 향상

숙련된 노동자는 미숙련 노동자보다 가치 있으며 그 중에서도 다양한 기술을 지닌 사람은 더 높은 대우를 받을 것이다. 미시 기술과 거시 기술을 정확하게 평가하는 능력은 인간의 삶이 지닌 가치가 무한하다는 사실을 입증하는 또 다른 증거가 될 것이다.

자동화로 수많은 사람이 실직할 거라는 운명론적인 생각과는 달리, 자동화가 되면서 우리의 역량이 재조정될 것이다. 2030년이 되면 사람들은 오늘날에 비해 일생 동안 평균 50배에서 100배나 많은 일을 할 수 있을 것이다.

4) 평균 수명 향상

일본에서는 2015년에 100세를 맞이한 사람이 29,000명이나 되었다.

인간의 평균 수명은 현재 10년마다 2년씩 높아지고 있으며 감소할 확률은 없어 보인다. 오늘날 전 세계 인구의 평균 수명은 200년 전에 비해 2배나 높다.

대부분의 전문가는 영생도 가능할 거라고 생각한다.

예를 들어, 2010년, 영국 통계청은 5명 중 1명이 100세 이상 살 거라고 예측했다. 2030년이 되면 이 수는 2명 중 1명, 즉 50퍼센트로 증가할 것이다.

일생 중 생산하고 소비하는 해가 증가하면서 인간의 삶이 지닌 전반적인 가치 역시 높아질 것이다.

5) 부의 창조 수단 증가

은행가의 임원들은 암호 화폐라는 신흥 산업을 반기지 않는다. 이들은 주로 '암호 화폐가 어떻게 실패할지'만을 생각한다. 이와는 반대로 암호 화폐를 옹호하는 똑똑한 기업가는 '암호 화폐를 성공시킬' 방법을 계속해서 찾는다. 이처럼 유형적인 부뿐 아니라 재산권이나 디지털 자산, 지적 자산 소유 등 무형적인 부를 축적하는 방법이 계속해서 개발되고 있다.

6) 빈곤율 감소

전 세계적으로 부가 증가하면서 극빈율이 감소하고 있다. 부가 공평하게 배분되려면 아직도 멀었지만 바람직한 방향으로 나아가고 있는 중이다. 빈곤율이 감소하면서 극빈자들의 구매력 역시 상승하고 있다.

7) 어린이의 가치 상승

오늘날 대부분의 가정은 자녀가 한 명이나 두 명이다. 50년 전만 해도 7명에서 10명의 아이를 낳았던 것에 비해 상당히 적은 수다. 이렇게 자녀가 2명 이하로 줄어들면서 한 자녀당 쏟는 시간과 관심이 높아졌다. 오늘날의 부모는 더 나은 어린이집에서부터 옷, 스포츠 리그에 이르기까지 모든 것을 아이의 미래에 대한 투자로 생각한다.

장기적인 영향

앞서 설명한 7가지 추세를 비롯한 수많은 요소 때문에 인간의 삶을 평가하는 방식이 계속해서 바뀔 것이다. 인간의 가치가 무한대로 증가하면서 제조물 책임 소송에서부터 생명 보험, 우리가 스스로를 평가하는 방식에 이르기까지 모든 것에 상당한 영향을 미칠 것이다.

'미래에는 우리 모두 끊임없이 개선 중인 상태일 것이다.'

앞으로 수십 년 동안 우리는 수정, 훈련, 복구, 수리, 개선될 수 있으며 심지어 '재창조'될 수도 있을 것이다.

현재의 우리가 아니라 앞으로 어떤 사람이 될 수 있는지가 우리의 삶을 결정할 것이다.

진정한 인간 지능 구현

우리는 지금보다 편한 삶을 꿈꾼다.

자동차가 알아서 우리의 목적지를 파악하고 라디오를 켜고 우리가 듣고 싶은 음악을 연주하고 핸드폰으로 전화를 걸어 원하는 상대와 즉시 통화를 할 수 있게 해준다고 생각해보자. 우리는 자동차에 타기만 하면 되는 것이다.

현실에서 우리의 하루는 수많은 결정으로 이루어지며, 이러한 선택이 가져오는 스트레스는 점차 증가하고 있다. 우리는 통제하길 원하지만 쉽지 않은 일이다.

우리는 컴퓨터가 우리보다 똑똑해질까봐 걱정한다. 컴퓨터가 우리의 기술을 자동화하고 우리의 일자리를 앗아갈 거라고 생각한다. 하지만 컴퓨터가 인간처럼 생각하게 되고, 그 컴퓨터가 우리가 중요하다고 생각하는 대상에 감정적인 가치를 부여할 경우 무자비한 기계 덩어리로서의 컴퓨터는 자취를 감추게 될 것이다. 그 결과 컴퓨터는 인간을 대체하는 게 아니라 인간의 가치를 높여주는 데 기여할 것이다.

인공 지능은 아직 부족한 수준이다. 하지만 진정한 인간의 지능을 구현하게 되면 훨씬 더 적합한 정보를 제공할 수 있을 것이다. 예를 들어, 검색 엔진에서 검색을 할 때, 인간의 지능을 활용해 검색 용어와 최종 대상을 연결할 경우보다 향상된 검색 결과를 얻을 수 있을 것이다.

물론 이 최종 검색 결과에 모두가 동의하지는 않을 것이다. 하지만 이 문제는 차차 개선될 것이다. 미래학자 존 스마트에 의하면 1998년, 온라인에서 이루어지는 검색 문구는 평균 2개의 단어로 이루어졌다고 한다. 오늘날에는 평균 5.2개의 단어가 사용되고 있으며 앞으로는 8개에서 10개의 단어가 사용될 것이다. 시간이 지나면서 수백만 개의 '경로'를 얻게 되면 관련자들의 생각이 축적되어 더욱 높은 지능이 확보될 것이다.

관련 알고리즘 개선

컴퓨터가 키보드에 입력된 대상만을 인식하던 시대는 갔다. 컴퓨터는 사용자의 사회적 그래프, 검색 및 서핑 내역, 사진과 동영상을 보는 시간, 구매 내역, 음악 선호도 같은 다양한 정보를 통해 우리를 파악함으로써 과거에 비해 훨씬 더 정확하게 우리의 요청을 들어준다. 물론 컴퓨터가 우리의 마음을 읽을 수는 없다. 적어도 아직까지는 그렇다. 하지만 우리가 입력하고 출력하는 내용을 주의 깊게 살펴볼 경우, 즉 우리가 소비하는 정보와 정보를 소비할 때의 반응을 살펴볼 경우 우리가 차후 무엇을 수행할지 예측할 수 있다.

한 단계 더 나아가 동영상과 사진에서 음성 대화를 포착할 경우 우리는 물리적·디지털 사물의 메타데이터와 검색 가능한 태깅 시스템을 자동화할 수 있다. 또한 미래에는 옷이나 핸드폰, 피부(타투처럼)에 감각 인식 장치를 부착함으로써 감정적인 자료를 복잡한 가치 시스템으로 치환할 수 있을 것이다. 이 시스템은 우리가 직접 결정을 내리지 않아도 우리의 의사를 잘 반영할 것이다.

주판과 줄자 같은 계산 장치는 천공카드 판독기, 그리고 메모리 저장 및 검색 장치로 발전했다. 우리는 인터넷이라는 복잡한 의사소통 기능을 컴퓨터에 추가함으로써 일종의 사이버 휴머니즘을 구현하기에 이르렀다.

지금까지 컴퓨터는 이러한 변화 곡선의 중심에 위치했다. 무자비한 기계에서 따뜻한 인간미를 지닌 기계로 변한 것이다. 머지않아 컴퓨터는 우리를 인터넷의 노예로 만드는 대신 더욱 인간적으로, 심지어 초인간적으로 만들어줄 것이다.

따라서 미래에 인간과 컴퓨터와의 관계는 '혹은'이 아니라 '그리고'가 될 것이다. 컴퓨터를 사용할 경우 우리의 역량은 높아질 것이며 인간적인 특징 역시 강화될 것이다. 물론 악한 마음을 품은 사람의 역량 역시 10배나 높아질 것이다. 하지만 이는 컴퓨터의 지속적인 진화 과정에서 발생할 또 다른 단계에 불과하다.

모든 문제를 해결할 수 있는 마법의 공식은 없다. 하지만 미래의 컴퓨터는 이전보다 빠르게 의사 결정과 문제 해결을 하도록 인간의 역량과 지능을 조금씩 높여줄 것이다.

시냅스 통화 이론-뇌라는 자본에 가치 부여하기

여러분이 해결했던 가장 어려운 문제는 무엇이었는가? 진정한 해결책을 찾은 단 한 가지 문제를 떠올려 보자.

직장을 구하거나 병의 치료제를 찾은 일, 중대한 가족 문제를 해결한 일 등이 생각날 것이다. 해당 문제를 해결할 때 얼마나 많은 시간과 에너지, 지능을 동원했는가? 이제 그러한 문제를 해결할 때 수반되는 스트레스와 걱정, 정신적인 고통이 절반으로 줄어들 경우 삶이 얼마나 달라질지 생각해 보자.

시냅스에서 전달된 신호가 하루에 인간의 뇌를 통과할 수 있는 수가 제한되어 있다고 가정할 때, 우리가 '시냅스 통화'를 확장시키는 방식은 개인의 성공을 결정짓는 중요한 요소가 될 것이다. 그렇다면 우리의 가치를 결정할 '시냅스 통화'라는 유한한 자원에 금전적인 가치를 부여하려면 어떻게 해야 할까?

Epiphany
Z

지능의 가치는 얼마일까?

지능은 유한한 자원임에 틀림없다. 우리 모두는 정보를 소비하고 처리하는 능력에 한계를 느낀다.

우리가 시냅스 모니터를 머리 옆에 놓아 하루에 신경전달물질을 거쳐가는 신호의 수를 정확하게 예측할 수 있다면 우리는 개인이 지닌 역량의 정량화된 한계치를 파악할 수 있을 것이다.

한계치가 높은 사람이 가장 명석하다고 생각하기 쉽지만 꼭 그렇지만은 않다. 중요한 사실은 우리의 능력에는 한계가 있으며 우리가 유한한 자원을 확장시키는 방법이 개인적인 성과를 달성하는 데 중요한 요소라는 점이다.

개인적인 성과

당신이 개인적으로 달성한 가장 위대한 업적은 무엇인가? 이 질문은 앞서 언급했던 질문과 비슷한 맥락이다. 이러한 질문들에 답하기 위해서는 과거를 뒤돌아보고 나 자신을 속속들이 파악해야 한다.

대부분의 사람은 이 질문에 쉽게 답하지 못한다. 개인적으로 달성한 업적은 '위대하다'고 간주되기에는 상대적으로 덜 중요해보이기 때문이다. 하지만 이 질문을 우리가 '성취하고 싶은' 업적을 중심으로 재구성한 뒤 이 업적을 우리가 이미 성취한 업적과 비교해 볼 경우 답을 얻을 수 있을 것이다.

과거에는 대부분의 사람이 달성한 업적 중 가장 큰 업적은 생존이었다. 그들은 음식과 물, 거주지를 찾고 포식자, 극심한 날씨를 비롯해 위험한 대상으로부터 자신을 보호하는 데 하루를 보냈다.

그 당시에는 우리가 오늘날 위대한 업적이라 여길만한 대상에 투자할 시간이 거의 없었다. 사람들은 하루하루 살아가기에 바빠 덜 실질적인 문제를 추구할 여력이 없었다. 하지만 사회가 발전하고 체계화되면서 생존에 투자하는 시간이 줄어들었고 우리는 목표를 추구하는 등 심오한 노력을 향해 더 많은 에너지를 쏟을 수 있게 되었다.

절반의 시간에 두 배의 성과를

시냅스의 사용은 항상 가치가 있을까? 우리는 일할 때와 학습할 때 시냅스 통화를 사용한다. 또한 재미와 오락을 추구할 때, 결정을 내릴 때, 심지어 잠을 잘 때에도 시냅스 통화를 사용한다.

우리 대부분은 일할 때를 제외하고는 이 유한한 자원이 낭비되는 방식에 별로 관심이 없다. 우리가 일이라는 형태를 통해 다른 이들에게 판매하는 시냅스 통화는 우리가 수행하는 일의 가치에 상응하는 급료의 형태로 지불되어야 할 것이다.

독특하고 다양한 형태의 자동화가 이루어지면서 우리가 개별 업무를 수행하기 위해 사용하는 시냅스 통화의 양이 감소하기 시작하고 있다. 그 결과 우리는 뇌를 덜 사용하고도 특정 업무를 수행할 수 있게 되었다.

업무의 자동화로 일하는 데 사용되는 시냅스 통화량은 감소할 것이며 학습하는 데 사용되는 시냅스 통화량 역시 감소할 것이다. 절반의 시간에 두 배의 성과를 달성할 수 있으면 학습 속도 역시 비교적 빨라질 것이다.

뇌에서의 시냅스 사용량을 정량화하려는 시도를 한 사람은 극히 드문데, 신경학자 아스트라 브라이언트가 그 중 한 명이다. 그의 주장에 따르면, 평균적인 뇌에서 발생하는 신경 신호 전달의 수는 초당 약 850억 개에서 17.2조 개라고 한다.

나는 만 시간 이상 뇌를 사용해왔지만 뇌 전문가는 아니다. 뇌를 사용하는 법에 관해서는 더욱 전문가가 아니다. 지금보다 뇌를 효과적으로 사용할 수 있는 방법이 수없이 존재할 것이다. 글래드웰이 주장한 만 시간의 법칙에 초당 시냅스의 전달 수를 곱하면 상당히 큰 숫자가 나올 것이다. 하지만 무한대는 아니다.

이와 마찬가지로 시냅스 통화에 돈의 가치를 부여하면, 1달러에 해당하는 신경전달의 수가 어마어마하기 때문에 시냅스 통화 하나가 지니는 가치는 아주 적어질 것이다. 하지만 0은 아니다.

수십 년 후면 우리는 오늘날보다 훨씬 정확하게 업무를 수행할 수 있게 될 것이다. 오늘날 사용되는 시냅스 통화량의 극히 일부만 갖고도 업무를 완수할 수 있게 되면서 미래에는 훨씬 더 위대한 업적을 수행할 수 있을 것이다. 시냅스 통화라는 내 이론은 아직 완벽하지는 않다. 하지만 나는 인간의 가치를 판단하는 데 결국 '시냅스 통화'가 사용될 거라고 확신한다.

완벽의 진퇴양난

모순적으로 들리겠지만 완벽은 불완전한 개념이다.

우리 모두는 한계와 약점을 갖고 태어났다. 우리는 열쇠를 어디에 두었는지 잊어버리고 발가락을 벽에 부딪치며 애먼 사람에게 화를 낼 뿐 아니라 음식이 가득 찬 접시를 떨어뜨린다. 이는 작은 실수에 불과하다.

우리는 지능적인 존재이지만 온갖 한계 때문에 완벽하지 못하다.

밤에 잠을 자고 일어나서도 여전히 피곤하고 건강에 좋지 않은 음식을 먹고 싶어 하며 갖지 못한 자녀에 대한 대체물로 애완동물을 키운다.

게다가 우리는 계속해서 사회적 교류를 필요로 한다. 소셜 네트워크는 우리에게 사랑받고 있다는 환상을 주지만 현실은 정반대다. 2012년《애틀랜틱》지에 실린 연구 결과에 따르면, 미국인 4명 중 1명만이 중요한 사안을 함께 논의할 사람이 있다고 한다.

이와 마찬가지로《라이프보트》지는 2013년에 실시한 관련 조사를 통해 미국인들은 진정한 친구가 평균적으로 한 명밖에 없다며 관계의 위기 상태라고 결론지었다. 이에《가디언》지는 우리가 '외로움의 시대'에 진입했다고 선언했다.

외로움의 반대는 함께함이 아니라 친밀함이다. 우리는 우리를 필요로 하는 대상이 필요하다. 인간은 그래야 완벽해진다.

경제는 인간의 욕구 때문에 발생했다. 욕구 없이는 경제도 없다.

완벽한 사람을 자아실현적이라고 보기 쉽다. 우리는 빈틈없는 삶을 살수록 자급자족적이고 자립적인 사람이 된다고 생각한다. 하지만 이는 정반대의 결과를 낳는다. 우리는 완벽해질수록 외로워지는 것이다.

진공에서는 흥미로운 일이 발생하지 않는다. 물론 발생할 수는 있지만 진공은 이에 개의치 않는다. 우리는 관심을 가져줄 상대가 필요하다.

인공지능이나 기계를 활용할 수 있겠지만 인공지능이나 기계는 아무리 발전하더라도 우리의 이러한 욕구를 만족시키기 힘들 것이다.

더 나은 세상을 만든다는 것은 피상적인 목표다. 이는 복권에 당첨되고 값비싼 보석을 사고 엄청난 양의 초콜릿을 먹는 것과도 같다. 즉각적인 만족감으로 잠시 기분이 들뜨겠지만 다시 허무하고 공허한 느낌이 들며 모든 것을 다 가져도 결코 충분하지 않다는 사실을 깨닫게 될 것이다.

Epiphany

Z

필요한 대상이 되고자 하는 욕구

우리 대부분은 정체된 생활을 한다. 하루 중 앉아 있는 시간이 9.3시간에 이른다. 앉아 있는 것은 밀레니엄 시대에 흡연만큼이나 건강에 안 좋은 습관이다.

하지만 우리는 어디에 앉아 있던 원하는 것을 대부분 얻을 수 있다.

우리는 무엇을 얻고 싶을까? 즉각적인 오락거리, 즉각적인 해결책, 음식, 건강보험, 섹스, 교통수단, 뉴스 등이다.

완벽을 추구하고 싶을 경우 우선 완벽의 의미를 정의해야 한다. 완벽은 효율성, 목적, 수입, 성과물, 관계, 행복 등의 극대화를 의미할까?

한 사람이 모든 분야에서 성공할 수는 없다. 만약 그것이 가능할지라도 욕구가 없을 경우 우리의 삶에서 목적이 사라진다.

이 모든 생각 끝에 나는 완벽이라는 개념에 대해 큰 당혹감을 느끼게 되었다. 왜 모든 법칙에는 예외가 있을까? 우리는 '의도치 않은 결과의 법칙'을 해결해야 하지 않을까?

아무리 노력해도 우리는 완벽해질 수 없는 듯하다.

결국 나는 다양한 형태의 인공지능 역시 우리의 기대를 만족시키지는 못할 것이며 특이점(질적 도약이 생기는 특정 시점—옮긴이)이 많은 사람이 기대하는 유토피아를 가져다주지는 않을 거라고 결론 내렸다. 하지만 과학의 수수께끼가 그러하듯 미래가 당도하기 전에는 절대로 답을 알 수 없을 것이다.

죽음이 선택이 될 때

때는 2040년. 우리는 막 80세 생일을 맞이했다. 이제 지금의 몸을 보수할지 새로운 몸으로 바꿀지 쉽지 않은 선택을 해야 한다. '새로운' 몸으로 갈아타는 것이 대유행이 되었으며 신체 농부는 유전 형질을 사용해 우리의 얼굴을 스무살 때의 모습으로 되돌릴 수 있다. 20년 후면 흡사 프랑켄슈타인의 실험실에서나 발생할 것 같던 모습이 유명인사들 사이에서 새로운 유행이 될 것이다. 물론 논쟁의 여지가 끊이지 않을 것이다.

'사건'이 빈번히 발생하고 신체 농부가 신 행세를 한다고 주장하는 종교 단체가 등장하며 '우리의 영혼은 어디에?'라는 질문이 전 세계 미디어의 헤드라인을 장식할 것이다. 모든 사람이 이 도덕적 딜레마에 각기 다른 의견을 보인다. 이 기술이 안전한지 위험한지, 기존 신체를 수리하는 능력만 개선되어야 하는지 저마다 다른 의견이다. 의학이 계속해서 발전하고 건강을 증진시키는 완전히 새로운 방법이 개발되고 있는 지금, 나는 새로운 목표를 세울 것을 제안한다. 바로 죽음의 종식이다.

우리는 앞으로 노화를 치료하고 병을 고치며 일탈적인 행동을 시정하고 심지어 사고를 당한 사람을 완전히 회복시킬 수도 있을 것이다.

즉, 누구도 죽을 필요가 없게 될 것이다. 이것이 우리의 목표일까? 우리가 추구하는 방향일까? 그것이 우리의 목표가 아니라면 우리는 사형 제도를 찬성하는 이들의 목소리에 귀를 기울여 사람이 왜 죽어야 하는지 이유를 들어봐야 할 것이다.

의학계의 목표는 건강을 증진시키는 것일까, 아니면 건강상의 문제를 완전히 근절시키는 것일까? 《스타 트렉》 식으로 의사의 제 1지령은 무엇일까? 앞으로 우리는 이처럼 쉽지 않은 선택에 계속해서 직면할 것이다.

문제 해결하기

죽음의 원인을 자세히 살펴본 뒤 그 영향력을 줄이는 방법뿐 아니라 이를 완전히 없애는 방법을 생각해 볼 수 있을 것이다.

정신적 외상을 입은 환자의 경우 의사는 단순히 치료만 할 것인지 더 오래 살 수 있도록 만들지 윤리적인 선택의 기로에 놓일 것이다. 이는 더 이상 공상 과학 소설에서나 등장하는 얘기가 아니다. 몇 년 후면, 망가진 신체 부위를 고품질의 부품으로 교체할 수 있을 것이다.

최근 의학계는 방광과 목구멍 재생에서부터 3D프린터를 이용한 뼈와 동맥 '프린트'에 이르기까지 실로 놀라운 발전을 이루었다. 신체 전체를 재생하는 일도 머지않아 보인다. 우리는 의학계가 지나치게 빠르게 성장한 것이 아닌지 자문해야 할지도 모른다. 이러한 변화가 사회에 미치는 영향을 제대로 생각해 본 적이 있는가?

우리는 특정한 윤리 문제를 때로는 수 세기 동안 고민해왔다. 노예제처럼 오늘날의 기준에서 얼토당토않은 제도는 무슨 일이 있더라도 폐지되어야 한다.

이제 우리는 다음과 같은 문제에 직면해 있다. 우리는 다른 존재가 될 것인가? 우리에게는 무한히 살 권리나 특권이 있을까? 죽음과 고통스러운 회복 기간은 사라질 수 있다. 사람들은 뇌가 손상된 가족의 생사를 결정해야 하는 고통으로부터 벗어나게 될 것이다. 큰 화상을 입은 사람도 피부 재생을 통해 새로운 피부를 얻게 될 것이다. 그렇다면 우리는 과연 영원히 살 대상을 어떻게 결정할 수 있을까? 그리고 이 비용은 누가 지불할 것인가?

감옥은 수감자들로 넘쳐난다. 과학은 도덕적으로, 정신적으로 문제가 있는 사람을 처리하는 대안을 제공할 수 있을지도 모른다. 그렇다면 범죄자의 행동 장애를 시정하고 그들을 생산적이고 선한 사람으로 바꿀 수 있을까? 그들 역시 영원히 살 수 있어야 할까?

끝의 종식

'만약에' 게임을 해보자.

만약에 우리가 과거의 문제를 고치는 데에서 벗어나 새로운 미래를 구상하는 데 관심을 돌릴 수 있다면? 만약에 우리가 과거의 문제를 완전히 없애는 수준으로까지 문명을 발전시킬 수 있다면? 나는 다소 급진적인 제안을 하고자 한다. 죽음에 전쟁을 선포하는 것이다.

질병의 치료법은 더디게 발전해왔다. 레벤후크가 1600년대 말 현미경을 발견한 이후 루이스 파스퇴르가 1800년대에 미생물을 발견하기까지 수천 년이 걸렸다.

오늘날은 이보다 빠른 속도로 발전이 이루어지고 있으며 불멸에 방해가 되는 장벽도 매일 허물어지고 있다.

빠른 의사소통과 인터넷을 통한 지식의 파급으로 상당한 발전이 이루어지고 있으며 이는 주위에서 흔히 볼 수 있는 현상이 되었다.

온라인에서는 수많은 정보를 토대로 다양한 과학적 성과가 이루어지고 있으며 가상 협력으로 글로벌 팀워크가 이루어지고 있다. 정보의 접근성이 높아지면서 골치 아픈 문제들에 대한 다양한 해결책이 제안되고 있다. 하지만 죽음과의 전쟁에서는 완전히 다른 마음가짐이 필요하다. 돈으로 삶을 사는 현재의 자세는 죽음과의 전쟁에는 적합하지 않다. 죽음과 싸우기 위해서는 우선 다음과 같은 문제를 해결해야 한다.

노화 재정의: 인간은 신체 조건이 최고 상태인 스물다섯 살 정도에 노화가 중단되도록 개량되어야 한다. 그러면 인간은 최고의 상태로 영원히 살 수 있다.

명석한 지능: 뇌세포가 닳으면서 인간의 정신 상태는 약화된다. 과학자들은 개별 시신경 세포와 뇌 세포에서 복제 스위치를 발견했는데, 이 스위치는 우리가 이 세상에 태어난 순간, 무슨 이유에서인지 차단되고 만다. 미래에는 이 스위치를 다시 켤 수 있을 것이다. 그러면 간질과 실명, 치매는 사라질 것이다.

사고: 사고는 피할 수 없다. 그렇다면 사고를 겪고도 살아남을 수 있는 방법이 있을까?

훼손된 신체: 오늘날의 기준에서 가망이 없을 정도로 망가진 몸을 회복시킬 수 있을까? 이것이 가능하다면 톱밥 제조기 속에 끼이거나 증기 롤러에 깔리는 사고도 치명적이지 않을 수 있다. 미래에는 신체를 재조립하고 기억을 재주입할 수 있을까?

불치병: 우리의 신체를 내부에서부터 파괴하는 바이러스성 질환과 세균병을 없앨 수 있을까? 병원균은 무해한 존재가 될 수 있을까? 미래에는 매우 작은 로봇이 등장하면서 신체를 갉아먹는 미생물을 전부 제거할 수 있을 것이다. 암 역시 완치될 수 있을 것이다.

범죄자: 악한 사람을 살릴 만한 가치가 있을까? 과학이 아무리 발전해도 우리는 뇌가 작동하는 방식을 제대로 이해하지 못한다. 인격 장애자를 비롯해 제정신이 아닌 사람이 저지른 범죄를 잊는 담담한 사회를 구축할 수 있을까?

전쟁의 종식: 우리는 항상 갈등을 겪을 것이다. 그렇다면 더 이상 죽음의 의

미를 모르거나 이해하지 못하는 사회에서 발생하는 논쟁은 어떻게 해결할 것인가? 전쟁이 큰 충격을 주지 않을 경우 지금처럼 혐오의 대상이 될까?

동기부여제로서의 죽음: 죽음을 생각하는 것만큼 우리를 동기부여 시키는 것은 없다. 죽음의 두려움이 없을 경우 인류는 어떻게 될까? 죽음을 생각할 필요가 없을 경우 의미 있고 도전적인 문제를 해결할 동기는 무엇이 될까? 긴요한 목표는 영향력을 잃거나 아예 사라질까? 우리는 동기가 없는 상태에서 굳이 성과를 달성하려고 할까?

빛의 속도로 변화가 일고 있다.

우리는 수십 년 동안 도덕성의 문제를 고민하고 있을 여유가 없다. 죽음이 더 이상 불가피하지 않을 경우 삶에 대한 태도가 급격히 바뀔 것이다. 쉽지는 않겠지만 이제는 죽음의 종식이라는 일차적이고 장기적인 목표를 설정할 때다. 달성할 수 없다 할지라도 여전히 우리의 궁극적인 목표여야 할 것이다.

우리는 죽음을 선택할 수 없는 마지막 세대일지도 모른다.

Epiphany Z

Z 통찰 - 궁극적인 통찰력

Epiphany
Z

완전한 백지를 제시하는 미래는 없다. 모든 미래는 과거를 바탕으로 한다. 미래에는 과거를 이해하고 이로부터 교훈을 얻는 사람이 성공할 것이다.

이제부터 미래를 백지가 아니라 지구 전체의 크기에 해당하는 미개발된 광활한 영토로 생각해 보자.

Epiphany
Z

새로운 행성 시나리오

나는 종종 새로운 행성을 식민지로 만들고 처음부터 새로운 문명을 시작하면 어떨지 생각해본다. 무엇이 효과적이었고 무엇이 효과적이지 않았는지 알고 있는 상태에서 처음부터 다시 시작할 경우, 더 나은 사회를 구축하려면 어떻게 해야 할까? 모든 사회가 그렇듯, 우선 새로운 제도를 수립해야 하며, 이 제도는 규칙을 바탕으로 해야 한다.

규칙은 질서를 낳으며, 이 질서는 우리의 행동을 규정한다.

'새로운 행성을 식민지로 만들 때처럼 새롭게 부상하는
디지털 정보 시대에는 새로운 규칙과 질서가 필요하다.'

미래에 필요한 8가지 핵심 기술

우리는 매초 새로운 정보가 넘쳐나는 세상에서 살고 있지만 이러한 세상에서 어떻게 살아야 할지를 말해주는 규칙은 현재 거의 없다. 우리는 정보를 각기 다르게 받아들이기 때문에 '새로운 참여 규칙'을 습득하는 것은 우리에게 달렸다.

이 사실에 유의하며 아래의 8가지 핵심 기술을 살펴보자.

1) 의사소통 수단 관리

얼마나 많아야 지나치게 많은 것일까? 인터넷 조사전문업체 닐슨에 따르면, 미국의 10대들은 2010년 4사분기에 평균 3,276개의 문자를 주고받은 것으로 나타났다. 또한 2010년 퓨 리서치 센터의 연구 결과, 핸드폰을 소지한 10대 5명 중 4명이 핸드폰을 안거나 침대 가까이에 두고 자며, 때로는 대화 도중 핸드폰을 손에 쥔 상태로 잠이 드는 것으로 밝혀졌다.

퓨 리서치 센터의 선임 연구원 아만다 렌하트는 "많은 아이들이 핸드폰을 끄는 것을 꺼려했다."고 말했다. 병원에 입원한 젊은 환자들은 핸드폰 진동소리나 벨소리를 기다리며 밤새 '대기'하느라 제대로 쉬지 못하는 지경에 이르렀다. 의사소통은 삶의 중요한 요소이지만 지나치게 많거나 적은 의사소통은 안 좋은 영향을 미칠 수 있다.

게임, 소셜 미디어, 스마트폰 앱 등 새로운 커뮤니케이션 수단이 등장하면서 사람들은 친구나 가족과 연락되지 못할까봐 초초하고 불안해한다. 또한 이 모든 것을 차단할 경우 혼자 소외당할까봐 더욱 걱정한다. 의사소통 수단을 효과적으로 관리하는 방법은 현재 학교에서 배울 수 없는 핵심 기술이다.

2) 명성 관리

우리는 이제 더 이상 자신의 명성을 관리할 수 없는 세상에 살고 있지 않다. 다양한 출처로부터 제공된 상당히 개인적인 컨텐츠가 온라인에 생성되고 있는 지금, 우리는 사람들이 나에 대해 하는 말, 나의 사진, 내가 등장하는 동영상, 내가 수행한 일 등 내가 누구인지를 보여주며 나를 나타내는 거의 모든 지표를 통제할 수 있게 되었다.

퓨 리서치 센터가 2010년에 실시한 '명성 관리와 소셜 미디어'라는 연구 결과에 따르면, 미국 성인 인터넷 사용자의 57퍼센트가 자신의 명성을 파악하기 위해 온라인 검색창에 자신의 이름을 쳐본 것으로 나타났다. 이는 2006년에 비해 10퍼센트 증가한 것으로 당시에는 인터넷 사용자의 47퍼센트만이 자신의 이름을 검색해 보았다고 했다. 명성 관리가 온라인 생활의 확실한 특징이 되고 있는 것이다.

이 연구 결과, 젊은이들은 나이 든 인터넷 사용자보다 '공유 대상에 더욱 엄격하며' 자신의 온라인 명성을 더 꼼꼼히 관리하는 것으로 나타났다. 이는 젊은 인터넷 사용자는 온라인 명성에 자유방임적인 태도를 취한다는 인식과는 정반대의 결과였다. 명성 관리는 학교가 아직 간파하지 못한 중요한 기술임에 틀림없다.

3) 사생활 관리

사생활과 투명성은 소셜 스펙트럼에서 정반대에 위치한다. 퓨 리서치 센터가 온라인 프라이버시에 관해 실시한 연구 결과, 소셜 네트워크 이용자 중 18세에서 29세에 해당하는 연령층은 자신의 프로파일 프라이버시를 가장 까다롭게 설정해 놓은 것으로 나타났다. 이렇게 설정해 놓은 사람의 비율은 71퍼센트로, 50세에서 60세에 해당하는 이용자(55퍼센트)에 비해 상당히 높은 수치였다. 전체적으로는 조사 대상자 중 3분의 2에 해당하는 사람이 보안 설정을 강화한 것으로 밝혀졌다.

사람들은 개인 정보를 공유함으로써 큰 이득을 본다. 개인 정보를 공유할 경우 유용한 서비스를 이용할 수 있기 때문이다. 하지만 기업은 수집된 개인 정보를 수익을 내는 데 이용하기 때문에 이 개인 정보는 위험한 상황에 악용될 수 있다. 물론 프라이버시를 보호하기 위한 정책을 수립할 경우 기업의 부담이 가중된다. 하지만 프라이버시가 없을 경우 사용자는 위험에 처할 수 있고 그 결과 해당 기업에 대한 신뢰가 낮아진다. 혁신이 발생하기 위해서는 신뢰가 필수적이다.

프라이버시가 보장된 개인 정보의 자유로운 흐름이 혁신을 낳는다. 위험과 대가를 최적화할 경우 새로운 형태의 혁신이 발생하고 새로운 경제적 가치가 탄생한다. 우리는 앞으로 글로벌 사업 환경에서 혁신을 촉진하고 정보 공유를 용이하게 할 법적인 장치를 수립해야 할 것이다. 이는 차세대 핵심 기술이 될 것이다.

4) 정보 관리

2008년, 샌디에이고 캘리포니아 대학의 로저 본과 제임스 쇼트 연구원은 우리의 뇌에 하루 동안 들어오는 정보의 양을 결정하는 요소에 대해 파악해보기로 했다.

그들이 수행한 연구 결과에 따르면, 우리는 정보의 약 41퍼센트를 TV를 보며 얻는 것으로 나타났다. 27퍼센트는 컴퓨터를 하며, 18퍼센트는 라디오를 들으며, 9퍼센트는 간행물을 보며, 6퍼센트는 전화 통화를 하며, 4퍼센트는 음악을 들으며 얻었고, 영화, 게임을 비롯한 기타 수단이 나머지를 차지했다.

미국인들은 하루 평균 11.8시간을 정보를 소비하는 데 사용한다. 그 어느 때보다도 많은 정보에 노출되어 있는 것이다.

이 모든 정보를 더욱 잘 관리하려면 어떻게 해야 할까? 우리가 사용하는 정보와 그 출처를 잘 선별할 수 있는 방법은 무엇일까? 개인적인 정보의 입·출력을 효과적으로 관리하는 능력에 따라 차세대 글로벌 인력 시장에서의 경쟁력이 좌우될 것이다.

5) 기회 관리

미국에서 오늘날 서른 살이 되는 사람은 평균적으로 11개의 다른 직장에서 일해왔다. 나는 10년 후면 이 수가 200~300개로 증가할 것으로 예측한다. 단기 프로젝트를 기반으로 한 고용이 장기적인 고용을 대체할 것이다.

기업의 운영 방식이 상당히 유동적이 되고 있다. 이러한 변화를 추동하는 힘은 구매자와 판매자를 그 어느 때보다도 빠르고 효과적으로 연결해주는 디지털 네트워크다. 도처에 기회가 널렸다. 미래에 성공적인 삶을 살기 위해서는 기회를 찾고 선택하며 이용하는 능력을 갖춰야 할 것이다.

6) 기술 관리

새로운 수단이 매 순간 우리의 삶에 침투하고 있다. 주의를 기울여야 하는 대상과 무시해도 괜찮은 대상은 어떤 것일까?

기술 의존적인 세상에서는 어떠한 기술을 선택하느냐에 따라 우리가 누구인지가 결정되며 우리의 역량이 판가름된다. 그 동안 기술을 선택하는 과정은 기술 전문가와 주요 영향력 행사자에게 대부분 위임되었으며 보통 제품 제작자가 큰 역할을 담당하곤 했다.

하지만 기술 관리는 하드웨어나 소프트웨어 구매에서 끝나지 않는다. 하드웨어나 소프트웨어는 시간이 지나면서 계속해서 발전하며, 새로운 앱은 우리가 전에는 꿈도 꾸지 못했던 수단을 끊임없이 제공해준다. 기술과의 관계는 계속해서 바뀔 것이며 미래에는 그 관계를 잘 관리하는 역량이 상당히 중요해질 것이다.

7) 관계 관리

사회적 기술이 넘쳐나는 세상 속에서 우리가 알고 지내는 사람의 수는 상상을 초월한다. 하지만 우리는 그들과 어떠한 관계를 맺고 있을까? 이러한 관계가 지니는 가치를 어떻게 정량화할 수 있을까? 소셜 네트워크의 규모가 증가하면서 네트워크상의 다른 사람과 의미 있는 대화를 나누는 일이 점차 어려워지고 있다. 강한 유대 관계를 맺은 사람과 약한 유대 관계를 맺은 사람에게는 다른 법칙을 적용해야 한다.

디지털 시대에는 관계를 맺는 방법이 바뀌고 있다. 특히 결혼에 있어서 그렇다. 대학을 졸업한 대부분의 연인에게 함께 사는 것은 결혼이라는 마라톤을 하기 전에 몸을 푸는 준비 운동과도 같다. 그들은 이런 저런 시도를 통해 연습을 해본 뒤 결혼을 하고 아이를 낳는다. 대학을 나오지 않은 커플은 반대의 경향이 있다. 그들은 일단 함께 살고 아이를 낳은 뒤 결혼식을 올린다.

끊임없이 바뀌는 관계의 특징을 이해하는 것은 미래에 갖춰야 할 가장 중요한 기술이 될 것이다.

8) 유산 관리

우리의 후손은 우리를 어떻게 기억할까? 우리의 성공과 실패, 성과, 잘못된 노력, 관용과 인내를 어떻게 받아들일까? 많은 이들이 여전히 유산을 남기는 주된 방법이 재산 상속이라고 본다. 하지만 이제 우리는 우리가 남긴 정보의 흔적을 세밀히 관리할 수 있는 능력이 있다.

앞으로는 유산을 보존하는 일이 점차 용이해질 것이다. 후손들이 우리가 누구이며 우리가 왜 특정한 일을 수행했는지 알 수 있도록 하려면 사진이나 동영상, 온라인 문서를 통해 기록을 남기면 된다. 미래 세대는 자신이 누구인지를 보여주는 핵심적인 문서를 보존할 수 있으며 후손들이 물어볼 질문에 직접 답해줄 수 있는 아바타를 만들 수도 있을 것이다. 나이가 들지 않는 사람은 없기 때문에 유산을 남기는 일은 상당히 중요해지고 있으며 이 분야의 기술을 향상시키는 것은 큰 도움이 될 것이다.

위 8가지 기술 외에도 오늘날의 니즈를 충족시키기 위해 빠르게 개선되어야 하는 2가지 기술이 있다. 이는 바로 시간 관리와 돈 관리다.

과거의 시간 관리 방법은 쉴 새 없이 돌아가는 디지털 시대의 요구에 적합하지 않다. 돈 관리 역시 언제 어디서든 마음대로 할 수 있게 되면서 완전히 새로운 양상을 띠고 있다.

다행히 새로운 기술이 등장하면서 돈과 시간을 관리하는 방법을 습득하는 우리의 역량 역시 크게 향상될 것이다.

기하급수적인 역량 증가의 법칙

구글의 래리 페이지 CEO, 버진의 리처드 브랜슨, 엑스 프라이즈 재단의 피터 디아만디스 CEO 같은 사람은 우리가 풍부함의 시대에 진입했다고 얘기한다. 이들의 말 속엔 우리가 이제 여유로운 삶을 살게 되었다는 의미도 내포되어 있다. 사람들은 예전처럼 열심히 일하지 않아도 되며 여행, 휴가, 놀이에 더 많은 시간을 보내게 될 것이다.

우리는 무인 자동차가 수백만 명의 운전자를 없애고 밤낮으로 일하는 로봇이 수백만 개의 제조, 용접, 페인트, 조립 관련 일자리를 앗아가며 과거에는 자동화가 불가능하다고 여겨진 분야에서 컴퓨터와 기계가 사람들의 일자리를 대체하고 있는 시대에 진입하고 있다.

이러한 자동화와 인공지능이 인간을 대체하면서 우리는 공유 일자리, 마이크로 고용, 소득 보장 같은 해결책에 초점을 맞춰왔다. 이 역시 잘못된 것은 아니지만 이제는 '태만한 생활'에 대한 대비도 필요하다. 사람들이 제공해야 하는 가치가 줄어들고 불확실한 미래를 맞이하면서 우리는 나태해지고 게을러질 위험에 처한 것이다. 어려운 상황은 나름대로 큰 장점이 있다. 우리를 힘겹게 하는 대상이 없을 경우 최고의 계획조차 실패로 돌아갈 수 있다.

선박과 마천루를 구축하고 넘쳐나는 정보를 저장할 거대한 저장소를 만들거나 온갖 장치를 연결하는 글로벌 무선 네트워크를 생성하는 데 걸리는 시간이 과거에 비해 현격히 줄어들었으며 이와 더불어 우리의 역량과 기대는 높아지고 있다.

기하급수적인 역량 증가의 법칙

제1법칙: 자동화 덕분에 노력이 기하급수적으로 줄어들면서 역량은 기하급수적으로 증가하고 있다.

제2법칙: 위대한 업적이 일상화되면서 미래에는 거대한 업적이 이루어질 것이다.

제3법칙: 성과의 기준이 높아지면서 기대 수준도 높아지고 있다.

제 1법칙: 자동화 덕분에 노력이 기하급수적으로 줄어들면서 역량은 기하급수적으로 증가하고 있다

무언가를 수행하는 데 필요한 노력이 줄어들 경우 우리는 더 많은 것을 이룰 수 있다. 이는 지난 수세기 동안 입증된 사실이다. 지난 수천 년 동안 인간성을 크게 바꾼 3가지 산업을 살펴보자.

1) **교통**: 리처드 플로리다가 《그레이트 리셋(Great Reset)》에서 언급한 운송수단의 평균 속도를 활용해 추론해보면, 사람들이 평생 동안 평균적으로 이동하게 되는 거리가 기하급수적으로 증가한 것을 알 수 있다.

- 1850-평균 속도 시속 6.4킬로미터-하루 5.4킬로미터×수명 50년 =117,482킬로미터
- 1900-평균 속도 시속 12.9킬로미터-하루 12.9킬로미터×수명 60년 =281,957킬로미터
- 1950-평균 속도 시속 38.6킬로미터-하루 38.6킬로미터×수명 70년 =986,849.7킬로미터

- 2000–평균 속도 시속 120.7킬로미터–하루 120.7킬로미터×수명 80년
  =3,524,463.3킬로미터
- 2050–평균 속도 시속 362.1~402.3킬로미터(예상치)–하루 362.1~402.3킬로미터
  ×수명 90년=11,895,063.8킬로미터

느리고 불편한 운송수단이 빠르고 편리한 운송 수단으로 발전했다. 두 세기 만에 인간의 기동성이 100배나 향상된 것이다.

2) 사진: 조세프 니세포르 니엡스가 1826년에 촬영한 "르 그라의 창가에서 본 조망"이라는 제목의 유명한 사진은 최초의 사진이자 가장 오래된 사진이기도 하다. 1800년대의 사진 기술은 상당한 정확도와 수많은 시간을 요하는 고된 과정이었으나 저렴하고 발전된 카메라, 필름, 현상 방법이 등장하면서 사진의 수는 기하급수적으로 증가했다.

하지만 최근 들어 디지털 카메라가 핸드폰에 장착된 이후에야 사람들이 하루에 찍는 사진의 수가 급증했다. 오늘날에는 매일 약 3억 5천 개의 사진이 페이스북에 올라온다. 페이스북에 등록되는 사진이 전체 사진의 약 10퍼센트밖에 되지 않는다고 가정할 때 매일 35억 개, 1년이면 1조 3천억 개의 사진이 생성되는 셈이다. 상당한 수처럼 보이지만 아마 미래에 찍힐 사진의 수를 생각하면 그렇게 많은 수가 아닐지도 모른다.

3) 미디어: 구텐베르그가 인쇄기를 발명하기 전, 정보의 출처는 사람 간의 대화나 소량의 필사본에 한정되었다. 중세 사람들이 사용한 정보의 양은 상당히 적었는데, 사용 가능한 정보 자체가 적었기 때문이다.

1600년, 인도 무굴 제국의 악바르 황제는 개인적인 서재에 장서 24,000권

을 쌓아두었다. 1815년, 토마스 제퍼슨 대통령은 개인적으로 미국에서 가장 많은 책을 보유했는데, 이는 6,487권에 달했다. 이 숫자들은 오늘날 아마존에서 판매하는 수백만 권의 책에 비하면 상당히 적은 수다. 게다가 미디어로 범위를 확장해 보았을 때 우리는 훨씬 다양한 종류의 미디어를 소비하고 있다.

전 세계 사람들을 대상으로 2012년 연구조사를 진행한 결과, 사람들이 하루 동안 정보를 이용하는 데 소비하는 시간은 평균 10시간 39분이라고 한다. 우리는 인터넷을 이용하는 데 260분, TV를 시청하는 데 150분, 모바일 인터넷을 이용하는 데 77분, 라디오를 듣는 데 71분, 게임을 하는 데 43분, 인쇄물을 읽는 데 38분을 사용한다.

미국, 한국, 일본 같은 국가에서는 이 시간이 훨씬 더 길어 하루 평균 12시간이다. 중국은 인터넷 중독 문제를 해결하기 위해 고군분투 중이다. 그 결과 이 문제를 치유해주는 중독 치료 센터가 우후죽순으로 생겨나고 있다.

제 2법칙: 위대한 업적이 일상화되면서 미래에는 거대한 업적이 이루어질 것이다

미래에 해결해야 할 메가 프로젝트와 과거에 우리를 위협했던 메가 프로젝트는 규모가 동일하지는 않을 것이다. 자동화와 인공지능의 사용이 증가하면서 거의 모든 분야에서 인간의 노동이 줄어들고 있다. 그 결과 우리가 과거에 달성한 업적의 가치가 줄어들고 있으며, 이에 발맞춰 차세대 메가 프로젝트가 등장하고 있다.

차세대 메가 프로젝트의 한 사례로, 엘론 머스크와 데릴 오스터는 특수 제작된 캡슐을 진공 튜브에 넣어 이를 로켓처럼 목적지까지 발사하는 교통 시스템을 제안했다. 초고속 열차의 속도는 현재 시속 483킬로미터에 이르지만 이 진공관 열차의 속도는 자그마치 시속 6,437킬로미터에 달할 수 있다. 데릴 오스터가 가히 '지구에서의 우주여행'이라 부를 만하다.

이 진공관 열차는 물론 속도, 전력 소모량, 오염, 안전 면에서 다른 교통수단을 능가할지 모른다. 하지만 현재는 기반시설이라는 가장 큰 요소가 없는 상태. 이 진공관 열차를 운행하려면 160,934.4킬로미터가 넘는 철로를 연결할 수 있는 진공관 네트워크가 필요하다.

많은 이들이 이를 큰 난관으로 생각하겠지만 사실 여기에는 큰 기회가 존재한다.

이 진공관 네트워크를 구축하는 것은 사상 최대 규모의 프로젝트로, 이 프로젝트를 완성하는 데 족히 50년은 걸릴 것이며 1억 명이 넘는 노동자가 필요할 것이다.

제 3법칙: 성과의 기준이 높아지면서 기대 수준도 높아지고 있다

픽사가 1995년에 공개한 《토이스토리》는 컴퓨터 애니메이션으로만 만든 최초의 영화였다. 경계 부분이 다소 어색해 보였지만 애니메이션 영화 제작 방식에 있어 큰 혁신이었다.

그로부터 15년 후인 2010년에 개봉된 《토이스토리 3》에서는 애니메이션의 질이 월등히 향상되었다. 과거에 비해 제작 시간이 적게 들어 픽사 팀이 품질의 기준을 높이기 위해 상당한 노력을 기울일 수 있었던 것이다.

우리는 품질, 가치, 사용성의 기준이 높아지는 것을 주위에서 쉽게 목격할 수 있다.

1. **프린트** : 과거에는 대형 인쇄기를 이용해 프린트를 했지만 이제는 컴퓨터로 몇 초 만에 사진 이미지를 현상할 수 있게 되었다.
2. **음악** : 과거에는 지저분한 스튜디오에서 임시로 녹음했지만 이제는 컴퓨터를 이용해 교향곡 수준의 녹음을 할 수 있게 되었다.
3. **잡지와 신문** : 우리는 이제 지구상에 존재하는 모든 잡지와 신문을 구독할 수 있으며 이를 컴퓨터로 즉시 전송할 수 있다.

4. **고속도로** : 더러운 도로에서 자갈 도로, 아스팔트 도로, 콘크리트 주간 고속도로로 발전했다.

5. **전화** : 유선 전화에서 무선 전화로 발전했다.

6. **상수도** : 송수로에서 우물, 수도로 발전했다.

7. **식품 공급** : 작은 가게와 농산물 직판매장에서 오늘날의 대형 슈퍼마켓으로 발전했다.

8. **응급 서비스** : 임시 소방대와 기본 진료만을 보는 의사에서 전문 소방대원, 구조대, 병원, 의료진으로 발전했다.

미래의 메가 프로젝트

내가 나열한 프로젝트는 극히 일부에 불과하다. 이집트에 피라미드를 건설하는 일이든, 중국에 만리장성을 쌓는 일이든, 인류를 달에 보내는 일이든, 모든 거대한 프로젝트는 인류를 정의하고 차세대의 목표 기준을 높일 것이다.

우리는 역량이 높아지면서 목표를 상향조정해야 할지도 모른다.

내가 생각하는 미래의 메가 프로젝트는 다음과 같다.

1. 기반시설 재창조

미래 세대의 니즈를 충족시키려면 현재의 기반 시설을 대부분 완전히 바꿔야 한다. 고속도로, 대중교통 시스템, 전화, 우편제도, 수도 공급망, 식품 공급망 등이 여기에 해당된다.

2. 우주 산업

우주여행, 소행성 탐사, 우주 전력 발전소, 타행성 정복 등 우주산업은 인류에게 끝없는 도전과제다.

3. 날씨 제어

우리는 아직까지도 자연의 힘 앞에 속수무책이다. 허리케인, 토네이도, 거대한 폭풍 등의 피해를 완화해야 한다.

4. 지구 중심 파악

우리는 현재 지구의 중심에 무엇이 있는지 잘 모른다. 하지만 지진, 화산을 비롯해 우리가 잘 모르는 내부의 힘 때문에 계속해서 피해를 보고 있다. 따라서 이러한 현상의 원인을 더 잘 파악하기 위한 노력이 필요하다.

5. 중력 제어

중력은 지구가 지닌 거대한 힘 중 하나다. 하지만 우리는 중력에 대해 잘 알지 못한다. 우리는 중력을 이해해야 할 뿐 아니라 이를 제어하는 방법도 파악해야 한다.

6. 과거 재현

수십 년 전에 일어난 기록되지 않은 사건을 실제 크기의 홀로그램 형태로 재현할 수 있는 기술을 어떻게 개발할 수 있을까?

7. 빛의 속도로 여행

1969년, 아폴로호가 수립한 기록은 시속 39,897.2킬로미터였다. 다른 행성을 여행하려면 앞으로 갈 길이 멀다.

8. 지속적인 전력 공급

세계 경제의 지나치게 많은 부분이 전 세계의 허술한 전력 시스템에 의존하고 있다. 앞으로 기회는 무한하다.

나는 이 '기하급수적인 역량 증가의 법칙'을 계속해서 보완해 하나의 이론을 정립할 예정이다.

그 전에 이 기하급수적인 성장이 미치는 부정적인 영향을 살펴보도록 하자.

우리의 역량이 증가하면 자연스럽게 부정적인 부분이 발생하기 마련이다. 중독이라는 사회적인 현상 역시 기하급수적으로 증가할 것이며 위험한 인물역시 기하급수적으로 위험해질 것이다. 전 세계에서 발생하는 전쟁은 기하급수적으로 재앙이 될 수 있다.

한편, 우리의 역량이 증가하면서 문제를 예측하는 능력은 부족해질 것이다.

'미래는 다가오게 되어 있다. 따라서 우리 모두는 반드시
미래의 긍정적인 측면과 부정적인 측면을 잘 파악해야 한다.
이 두 측면을 더 잘 파악할수록 밝은 미래를 맞이할 것이다.'

더 나은 미래

나는 사우스다코타의 작은 시골 농장에서 태어나고 자랐기 때문에 상당히 좁은 세계관을 지니고 있었다.

TV 채널은 2개가 다였고 라디오 방송국도 3개뿐이었기에 뉴스를 접할 수 있는 방송은 한정적이었다.

TV에 방영되는 저녁 뉴스에서는 전 세계에서 발생하는 온갖 사건을 내보냈지만 그 어떤 일도 내 주위에서는 발생하지 않았다.

나는 모든 사건으로부터 멀리 떨어져 비눗방울 속에 사는 것처럼 느껴졌다.

하지만 이는 나만의 문제가 아니었다. 새로운 기술이 세계 곳곳으로 퍼져나갔지만 TV와 라디오 채널이 몇 개 안 되는 곳은 사우스다코타만이 아니었다.

나는 내가 무엇을 놓치고 있는지 몰랐다. 내 비눗방울 속에는 가족과 이웃이 있었다. 나와 마찬가지로 그들 역시 무엇을 놓치고 있는지 몰랐다.

'비눗방울 문화'를 이해하기 위해서는 내가 자란 농장 마을 같은 작은 비눗방울과 국가와 행성, 문명에 영향을 미치는 대형 비눗방울이 존재한다는 사실을 알아야 한다.

오늘날의 우리가 대형 비눗방울에 갇혀 있다는 사실을 인식하고 있는 이는 거의 없다. 우리는 오늘날의 기술과 세상을 제대로 이해하지 못할 뿐 아니라 인간이 지닌 자체적인 한계 때문에 진정한 잠재력을 보지 못하고 있다.

즉, 우리는 비눗방울에 갇힌 사람처럼 살고 있다. 우리가 알고 입증할 수 있으며 '전문가'들이 가능하다고 말하는 것만을 보는 것이다.

하지만 비눗방울은 우리를 영원히 가둘 수 없으며 우리는 이 비눗방울을 터뜨릴 수 있다. 지난 수세기 동안 우리는 비눗방울의 크기와 형태를 확장시켜 왔다. 하지만 비눗방울 안에 무엇이 있는지 파악하기 위해서는 여전히 갈 길이 멀다.

그렇다면 비눗방울의 '바깥세상'이 존재할까?

정답은 "그렇다"이다. 사실 미래에 가장 흥미로운 일들은 비눗방울 바깥에서 발생할 것이다. 이제부터 비눗방울 바깥세상을 들여다보고 미래의 인류 존재에 관한 포괄적인 관점을 살펴보겠다.

우리의 운명을 결정짓는 8가지 차원
-인류 존재의 한계 밀어붙이기

나는 기술적 실업이 양날의 검과도 같다고 말했다. 자동화로 사람들의 일자리가 사라지겠지만 덕분에 인적 자본이 풍부해질 것이다.

일이 부족해지지는 않겠지만 더 이상 직장과 일은 하나로 묶이지 않게 될 것이다.

우리는 앞서 아직 구상 단계에 있는 '기하급수적인 역량 증가의 법칙'을 살펴보았다. 기술 덕분에 우리의 역량이 기하급수적으로 증가하는 법칙이었다. 이러한 일이 발생할 경우 과거의 성과는 미래의 성과에 비해 상당히 작아 보일 것이다.

나는 칼럼과 기사, 강의에서 주로 사물 인터넷, 드론, 빅 데이터, 무인 자동차, 스마트폰, 의료 기술, 3D 프린팅 같은 촉매 산업과 혁신, 트렌드를 다룬다.

하지만 우리는 이러한 신흥 산업 외에도 사업, 산업, 인류의 업적을 위한 완전히 새로운 장을 창조할 수 있다.

이에 관해 조금 더 자세히 살펴보자. 인류의 존재를 한정짓는 비눗방울을 확장시키는 8가지 차원을 생각해보겠다.

3차원적으로 생각하는 사람에게는 비눗방울을 확장시키는 것이 8면체의 모든 면을 늘리는 것처럼 여겨질 것이다. X, Y, Z 축으로 크기와 역량을 증가시키는 것이다.

내가 이 8차원에 붙인 이름은 다음과 같다. 이제부터 각 차원에 대해 자세히 살펴보자.

1. 명예
2. 인지
3. 목적
4. 지배
5. 범위
6. 잠재력
7. 내구성
8. 자유

왜 인간인가?

인간은 지구를 정복할 운명일까? 그렇다면 우리는 왜 이러한 권리를 누릴 자격이 있는 것일까?

인간이 없을 경우 이 세상은 훨씬 더 나은 곳이 될 거라고 주장하는 사람도 많다.

인간은 부정적인 특징도 지니고 있다. 인간은 추잡하고 위험하며 자기중심적이고 감정 기복이 심하며 탐욕스럽고 신뢰할 수 없으며 가증스럽고 파괴적이다.

나는 이제부터 인간의 존재를 확장시키기 위한 첫 번째 차원을 제안하고자 한다. 바로 '고결한 인간'이다.

1) 고결한 인간

지구를 정복할 권한을 부여받기 전에 우리에게 과연 그럴 만한 가치가 있는지 입증해야 한다.

물론 우리는 과거에 위대한 업적을 많이 달성했다. 하지만 오늘날까지 인류가 달성한 수많은 업적은 미래에 달성할 업적에 비하면 아무것도 아닐 것이다.

고결한 인간이 되려면 무엇이 필요할까?

고결한 인간은 항상 옳은 일을 할 거라고 신뢰할 수 있으며 진실성과 충성도가 높은 사람일까? 아니면 특이점에서 탄생한 진화된 초인간의 형태일까? 대립적인 상황에서 나은 선택을 할 수 있는 인공 지능의 한 형태일까?

고결한 인간이 되려면 어떠한 특징을 지녀야 할지 어떻게 알 수 있을까? 모든 인류가 고결한 인간이 될 수 있을까, 선택된 소수만이 그럴 수 있을까?

우리는 힘겨운 문제에 맞설 용기와 힘, 윤리 의식, 의지가 있는 사람에게 미래를 맡길 가능성이 높다. 하지만 누군가의 위대한 영웅이 다른 누군가에게는 최대의 적이 될 수 있다.

정당한 차이는 분열을 낳으며, 이 차이는 상당히 파괴적인 결과를 가져올 수 있다.

하지만 '정당한 파괴도 엄연한 파괴다.'

정당한 '갈등, 싸움, 살상'도 분명 '갈등, 싸움, 살상'이다. 좋은 의도에서 실행했다면 사악한 행위도 정당화될 수 있을까?

그렇다고 해서 우리가 힘이나 설득력, 추진력, 열정이 없는 사람을 높게 평가하게 될까? 그렇지는 않을 것이다.

그렇기 때문에 인간을 감싸는 비눗방울을 확장시키기 위해서는 우선 우리 안에 내재된 고결한 인간을 깨워야 한다.

고결한 인간이란 어떠한 모습일까? 우리는 어떻게 고결한 인간이 될 수 있을까?

2) 인지 능력 확장

1998년, 나는 《퓨처리스트》지에 컴퓨터 디스플레이의 상태에 관한 칼럼을 기고했다. 내가 보기에 컴퓨터라는 작은 상자를 통해 인터넷 세상을 들여다보는 것은 옹이구멍을 통해 야구경기를 보는 것과도 같았다.

나는 다양한 형태의 디스플레이로 실험을 하자고 제안했다. 우선 여행 경로, 동물의 이주, 오염의 흐름, 날씨 양상 등을 볼 수 있는 구 모양의 디스플레이부터 시험하는 것이다.

15년이 지난 지금도 우리는 온라인 세상을 2차원적인 평면 디스플레이로 바라본다. 그래서 인공위성을 제작하는 한 기업이 지구 전체를 실시간으로 보여주는 동영상을 탑재한 지구본을 구상 중이라는 계획을 발표하자 즉시 내 주의를 끌었다.

하지만 나의 상상력을 자극한 것은 구형 디스플레이나 실시간 동영상이 아니라 수집된 전반적인 자료였다. 지구를 감시하는 감각 장치의 수가 급증하고 있는 지금, 데이터의 흐름을 교차시킨다면 우리의 생활 방식에 급격한 변화가 일거라는 생각이 들었다.

- 지구를 감시하는 인공위성은 수천 개에서 수백만 개로 증가할 것이다.
- 내장된 센서는 수십억 개에서 수조 개로 증가할 것이다.
- 길거리 카메라, 스마트폰, 웨어러블(Wearable) 기기를 비롯한 기타 연결된 '사물'은 수십억 개에서 수조 개로 증가할 것이다.
- 생성되는 데이터의 양은 페타바이트에서 엑사바이트, 제타바이트, 요타바이트로 증가할 것이다.

데이터를 생성하는 장치의 수가 증가하면 우리는 주위 세상을 더 잘 인지할 수 있게 될 것이다. 그 결과 미래를 예측하는 능력이 향상될 것이며, 미래를 제어하는 능력도 개선될 것이다.

인지 능력이 확장되면 주요 변곡점을 정확히 찾아낼 수 있으며 문제가 발생하기 전에 변화를 시도할 수 있다.

3) 인간의 목적 확장

우리는 이 세상에 태어나 먹을 것과 살 곳을 찾고 이해의 폭을 넓히기 위해 교육을 받으며 건강을 유지하고 친구를 만들며 관계를 형성하고 가족을 돌보며 생계를 유지한 뒤에 삶을 마감하기까지 끊임없이 고군분투한다.

하지만 돈을 더 많이 벌고 친구를 더 많이 사귀고 더 큰 가정을 꾸리는 등 다른 이들보다 더 많은 것을 이룬 삶을 산다 하더라도 결국 모든 사람은 죽게 되어 있다.

870만여 종이 살고 있는 이 세상에서 인간은 어떻게 적응하고 있는 것일까?

인공적인 구조물과 기계, 제도, 문화를 지닌 과거의 문명은 결국 대자연에 굴복했으며, 우리가 남긴 흔적은 식물, 동물, 박테리아, 곰팡이에 의해 체계적으로 제거되고 있다.

인간이 오늘날 이룬 업적은 다음 단계로 가기 위한 디딤돌이 아닐까?

이 세상은 전제조건을 바탕으로 돌아간다. 기계기사는 단일점 절단 기계의 작동 원리를 이해한 뒤에야 다축성 제분으로 넘어갈 수 있다. 기술자는 기계적 응력과 변형의 개념을 이해한 뒤에야 외팔보를 구부릴 수 있다. 금속공학자는 열역학을 이해한 후에야 고체의 상변환을 시도할 수 있다. 물리학자는 양자역학을 이해한 뒤에야 소립자 물리학의 표준 모델을 이해할 수 있다. 수학자는 비선형 미분 방정식을 이해한 뒤에야 기이한 끌개를 이해할 수 있다.

우리가 이룩한 성과는 우리가 아직 모르거나 이해하지 못하는 것을 달성하기 위한 디딤돌에 불과할까?

이 같은 질문을 던질 수 있고 헤아리기 힘든 것을 헤아리며 생각할 수 없는 것을 생각할 뿐만 아니라 다른 종이 성취할 수 없는 것을 성취하는 능력 덕분에 우리는 고상한 목적을 지니는 것은 아닐까?

과거의 문제만을 해결하려고 한다면 거대한 목적 중 극히 일부만을 바라보는 것이다.

4) 인간의 지배력 확장

나는 "무변칙을 찾아서"라는 칼럼에서 자연의 힘을 통제하고 재해가 발생하기 한참 전에 이를 예방할 수 있는 방법을 설명했다. 초기의 미세한 변화를 감지해 곧 닥칠 재앙에 대비하는 시간표를 작성할 수 있다면 이러한 재해를 완화시킬 수 있는 대응 메커니즘을 구축할 수 있을 것이다.

인간의 지배력은 자연의 힘뿐만 아니라 물리 법칙, 인간의 상태, 예외 법칙을 제어할 수 있는 능력을 의미한다.

하지만 재앙이 반드시 불가피한 것은 아니다. 질병, 노화, 심지어 죽음도 마찬가지다.

또 무엇이 있을까?

삶의 부정적인 측면을 통제하고 긍정적인 측면을 강화할 수 있다면 다음 단계의 인간으로 진화할 수 있지 않을까?

인간의 지배력을 확장할 수 있는 기회는 끝이 없다.

5) 인간의 도달 범위 확장

우리가 살고 있는 지구의 인구 밀도는 지나치게 높다. 하지만 우주 전체적으로 봤을 때에는 인구 밀도가 지나치게 낮다.

인간의 도달 범위를 우주 전체로 확장할 수 있는 방법은 끝도 없다. 하지만 이 '범위'가 바깥 공간으로 한정될 필요는 없다.

사실 우리는 내부 공간에 대해서도 아는 것이 거의 없다. 우리는 지구, 원자, 감정 안에 무엇이 존재하는지 잘 모른다.

인류가 그 동안 이동한 거리를 다 합친 것보다도 1조 배나 긴 우주에 대해 전부 파악하기란 쉽지 않을 것이다.

6) 인간의 잠재력 확장

구글의 엔지니어링 디렉터인 레이 커츠와일은 2045년이면 기술적 특이점 (인공지능이 인간의 지능을 넘어서는 역사점 기점-옮긴이)에 도달할 거라고 예측했다. 공상 과학 소설가 버너 빈지는 이 시점이 2029년이 될 거라고 말한다. 아이러니하게도 대공황이 발생한 지 100년이 되는 시점이다.

대공황이 우리를 원시적인 혼돈 속으로 몰아넣었다면 이 기술적 특이점은 우리를 인류 계몽이라는 미래로 안내할 것이다.

할리우드 영화 속에서 이 특이점은 때로는 공포의 대상이, 때로는 인류의 구원자가 되기도 한다.

2013년, 유전자 검사 회사인 23andME는 맞춤 아기 키트로 특허를 받았다. 맞춤 아기 기트는 부모가 곧 잉태될 자녀의 성질을 직접 고를 수 있는 기술로, 이후 FDA는 이 기술을 단속하기 시작했다.

하지만 맞춤 아기 키트를 개발한 것이 이들이 처음은 아니었다. LA의 불임 연구소는 2009년 최초로 맞춤 아기를 출산했다.

맞춤 아기는 이미 오래 전부터 사교 모임의 단골 주제였다. 더 크고 빠르며 강한 인간을 만들 수 있게 되자 곧 '슈퍼 아기'의 시대가 올 거라는 기대감이 상승했다.

이 슈퍼 아기는 과연 슈퍼 인간이 될까?

버너 빈지나 레이 커츠와일 같은 사람은 무어의 법칙처럼 인공지능의 기하 급수적인 성장에 초점을 맞추기 시작했고, 그 결과 초인간주의라는 완전히 새로운 분야가 탄생했다. 많은 사람이 다음 단계의 인간을 상상하며 그들이 우리보다 얼마나 뛰어날지 예측하고 있다.

인간의 잠재력이 지닌 한계는 무엇일까? 우리가 한계에 도달했는지 어떻게 알 수 있을까?

7) 인간의 내구성 확장

영원히 사는 것이 우리의 목표인가?

사람들은 여러 가지 이유로 죽는다. 하지만 이 이유는 우리가 온갖 병을 치유할 수 있게 되면서 전부 사라질 것이다.

노화는 현재 인류가 당면한 가장 큰 문제다. 하지만 우리는 시간이 지나면 이 문제를 해결할 수 있을 것이다.

상해와 질병 역시 큰 문제다. 하지만 이 역시 시간이 지나면 예방이 가능해지거나 해결될 수 있을 것이다.

나는 칼럼을 쓰거나 강연을 할 때면 "언제쯤이면 3D프린트로 신체를 출력할 수 있을까?"라는 질문을 한다.

바이오 프린팅 분야에서 큰 발전이 이루어진 지금, 한 번쯤은 생각해 볼 문제다. 하지만 의학 분야의 발전은 아직도 부족한 상태다.

가장 고치기 힘든 문제는 아마 일탈적인 행동일 것이다. 일탈적인 행동을 고치기 위해서는 일탈적인 행동과 정상적인 행동을 구분할 수 있는 합리적인 방법이 있어야 한다. 하지만 이 역시 시간이 지나면 일탈적인 행동을 치료할 수 있는 의학적 · 행동적 요법이 개발될 것이다.

노화나 상해, 질병, 일탈적인 행동 같은 문제를 시정할 수 있다면 우리는 영원히 살 수 있지 않을까?

이것이 우리의 목표인가? 그렇지 않다면 이를 목표로 삼는 것은 어떨까?

8) 인간의 자유 확장

자유를 생각하면 보통 쇠고랑이나 문 같은 감금 장치를 떠올린다.

하지만 이러한 물리적인 감금 장치가 아니더라도 우리의 삶은 자체적인 한계에 갇혀 있다.

보편적인 자유는 모든 것이 가능하다는 개념이다.

질병이나 보안, 자연재해, 시간과 공간의 한계, 인간의 약점이 문제가 되지 않는다면 어떠한 일이 가능할까? 우리는 무슨 일을 할 수 있을까?

우리는 언제쯤이면 완전히 자유로운 삶을 살고 태양계보다 거대한 프로젝트를 진행하며 우리를 감싸는 비눗방울의 바깥세상에 살 수 있을까?

Epiphany

Z

8차원에 이름 붙이기

나는 우리가 여전히 비눗방울 속에 갇혀 있다는 말로 이번 장을 시작했다. 하지만 비눗방울을 확장시키기 위해서는 보다 큰 관점으로 이 문제를 바라볼 필요가 있다.

물론 우리는 8차원에 해당되는 일을 오랫동안 수행해왔다. 처음에는 작은 발전에 불과했지만 지난 세기 동안 큰 발전이 있었다.

나는 다만 각 차원에 이름을 붙임으로써 주위 세상뿐 아니라 우주 전체를 정복하는 것이 우리의 '끝없는 의무'라는 사실을 다시 한 번 강조하고 싶다.

인류는 한계를 밀어붙이고 도달 불가능한 것을 달성하려는 유전적인 성질을 갖고 태어났다.

물론 내면의 평화를 찾고자 하는 미니멀리스트도 있기 마련이다. 하지만 인간은 변화를 가져오고 성과를 치하하며 승리를 만끽하고 싶은 욕구가 있다.

우리는 기나긴 여행의 첫 발을 떼었을 뿐이다. 그리고 여행이 이어질수록 상당히 놀라운 결과와 마주치게 될 것이다.

제 1지령 다시 쓰기

미래의 세상에는 사람들끼리 싸우기보다는 인류 전체를 공격하는 온갖 문제를 상대로 전쟁을 치르게 될 것이다. 우리는 태양계 전체보다 큰 힘에 맞서게 될 것이며 나노기술과 아원자 입자로 인해 그 동안 생각도 못한 문제에 직면할 것이다. 이 싸움에서 승리하기 위해서는 지금보다 훨씬 명석한 두뇌와 인내력, 체력이 필요할 것이다.

내일의 우리는 높은 소명에 대처해야 한다. 이는 위기가 발생하기 전에 방지하고, 재앙이 발생하기 전에 예측하며, 우리의 무지를 비롯해 인류가 처한 중대한 문제를 해결하는 것이다.

한치 앞만 비추는 손전등에 의지한 채 어두운 숲을 걷는 사람처럼 우리가 내딛는 걸음은 어두웠던 영역에 불을 비춤으로써 새로운 관점을 제공한다.

'미래의 사람은 더 나은 손전등이 필요할 것이다.'

지금까지 우리는 평범한 삶을 살았다. 우리는 그동안 계속해서 반복되는 주기나 시스템, 패턴에 집착했다. 미래에는 이 모든 패턴이 깨어지게 되어 있으며 모든 주기는 바뀌게 되어 있다는 사실을 알게 될 것이다.

대학은 앞으로 등장할 최첨단 기술로 무장해야 한다.

과거를 파악하기 위해 뒤를 돌아볼 때도 있을 것이다. 하지만 앞으로는 미래의 재앙을 미연에 방지할 줄 아는 새로운 식견가가 가장 존중받는 직업이 될 것이다.

미래의 삶은 쉽지 않을 것이다. 그래서도 안 된다.

1차 지령에 착수하기 위해서는 우선 우리 앞에 놓인 기회와 문제의 크기를 명확히 파악해야 한다.

> '미지의 세상과 뜻 밖의 생각에 대비하며
> 거대한 문제를 해결할 각오를 하는 것'

이보다 더 중대한 임무는 없다. 여러분도 이 임무에 동참하기 바란다.

감사의 글

이 책을 쓰는 동안 주위의 사람들이 큰 영향을 미쳤다. 이 명석한 사람들이 내 주위에 있다는 사실이 감사할 뿐이다.

특히 지난 몇 개월 동안 나의 멘토이자 코치, 고문, 교사, 친구로 큰 도움을 준 옴니 매거진의 전 편집장 케이스 페럴에게 감사를 전한다.

다빈치 연구소는 1997년 처음 설립된 이래로 큰 관심을 받고 있으며 멋진 삶을 사는 수많은 사람들이 현재 이곳에서 일하고 있다.

다빈치 연구소의 선임 연구원으로서, 수많은 사람의 노력에 감사를 표한다.

미래학자 주모자 모임과 미친 과학자 모임의 회원들 역시 이 책을 집필하는 데 큰 도움을 주었다.

비저너리움 프로젝트의 책임자이자 컨설턴트인 마이클 쿠시먼에게도 감사를 표한다. 그가 이 세상을 바라보는 방식은 내 인생과 경력에 큰 영향을 미쳤다.

내 '비밀 요원'이자 신뢰할 만한 조수, 미카엘 메디나에게도 감사를 전한다. 한밤중에도 내 메일에 성심성의껏 답을 보내준 덕분에 나는 계속해서 동기부여될 수 있었다.

다빈치 연구소의 직원, 얀 웨그너, 마이크 모건, 제시카 모건, 케이틀린 매독스, 제니퍼 알버츠, 샌디 크리테를 비롯한 자원봉사자들에게도 감사를 전한다.

다빈치 코더의 강사, 제이슨 노블, 줄리앙 린지, 카론 뉴스만, 북스 홀러, 마이크 쿨러톤, 밴 에벨로프에게도 감사를 표한다. 이들은 마이크로 대학과 다빈치 연구소를 운영하기 위한 발판을 구축하는 데 도움을 주었다.

Epiphany Z
8 Radical Visions for Transforming Your Future

ⓒ 2017 THOMAS FREY.

Published in New York, New York, by Morgan James Publishing. Morgan James and The Entrepreneurial Publisher are trademarks of Morgan James, LLC.

The Morgan James Speakers Group can bring authors to your live event. For more information or to book an event visit The Morgan James Speakers Group at

www.TheMorganJamesSpeakersGroup.com

에피파니 Z : 토마스 프레이의 미래산업 대비전략

2017년 6월 29일 초판 인쇄
2017년 7월 3일 초판 발행
2020년 1월 10일 2판 발행

지은이 토마스 프레이
옮긴이 이지민
발행인 조규백

발행처 도서출판 구민사
주 소 (07293) 서울특별시 영등포구 문래북로 116, 604호(문래동3가 46, 트리플렉스)
Tel (02)701-7421   **Fax** (02)3273-9642
Homepage http://www.kuhminsa.co.kr
신고번호 제2012-000055호(1980년 2월 4일)

ISBN 979-11-5813-452-5 (03320)
값 16,500원